이스라엘 팔레스타인 분쟁의
아주 짧은 역사

A VERY SHORT HISTORY OF THE ISRAEL-PALESTINE CONFLICT
Copyright©Ilan Pappe 2024
This translation of A VERY SHORT HISTORY OF THE ISRAEL-PALESTINE CONFLICT is published by GYOYUDANG by arrangement with Oneworld Publications Limited through EYA Co., Ltd.
All rights reserved.

Korean translation copyright©2025 by GYOYUDANG publishers Korean translation rights arranged with Oneworld Publications Limited through EYA Co.,Ltd

이 책의 한국어판 저작권은 EYA Co,Ltd 를 통해 Oneworld Publications Limited와 독점 계약한 (주)교유당이 소유합니다.
저작권법에 의하여 한국 내에서 보호를 받는 저작물이므로무단 전재 및 복제를 금합니다.

A Very
Short
History
of the
Israel-
Palestine

이스라엘 팔레스타인 분쟁의
아주 짧은 역사

충돌하는 역사 속
진실을 찾아서

일란 파페 지음 | **유강은** 옮김

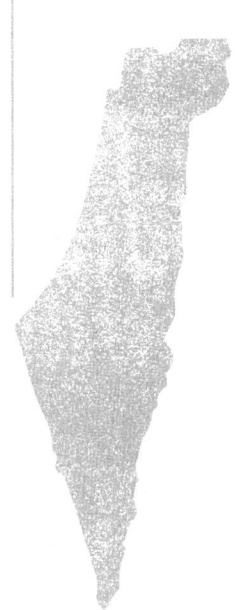

틈새책방

서론

하마스가 '알-아크사 홍수 작전Operation Al-Aqsa Flood'으로 이스라엘을 급습한 2023년 10월 7일 이후, 명칭까지 포함해 어떤 문제에 관해서도 합의가 존재하지 않는 것 같은 한 나라에 세계의 이목이 쏠리고 있다. 이스라엘인들은 이 땅을 '이스라엘 땅Eretz Israel'이라고 부르는 반면, 팔레스타인인들은 팔레스타인이라고 부른다. 10월 7일, 이스라엘인 약 1천2백 명—대다수가 민간인이다—이 목숨을 잃었고, 2백40명이 인질로 잡혔으며, 그중 많은 이가 아직도 돌아오지 못했다. 이스라엘은 '철의 검 작전Operation Swords of Iron'이라는 보복으로, 지금까지 3만 명이 넘는 팔레스타인인을 살해했다. 약 3분의 1이 어린아이들이다. 다음에 이어지는 내용은 오랫동안 이 지역에 평화와 정의를 뿌리내리기 위한 활동에 참여한 이들뿐만 아니라, 이 분쟁이 펼쳐지는 것을 처음으로 목도하는 사람들도 어떻게 이런 사태에 이르렀는지 파악할 수 있도록 짧게 정리한 역사다.

  이 충돌은 10월 7일에 시작된 게 아니다. 유엔 사무총장 안토니우 구테흐스(Antonio Guterres)는 하마스가 자행한 참사를 비난하면서, 1967년 육일 전쟁에서 이스라엘이 승리한 뒤 팔레스타인인들이 '56년 동안 질식할 듯한 점령'을 당하고 있다는 사실을 세계에 상기시켰다. 하지만 그 근원은 한참 전으로, 심지어 1948년 이스라엘 국가 창건보다 훨씬 더 과거까지 거슬러올라간다. 모든 일의 시작점은 19세기 말에서 찾을 수 있다. 어떠한 일이나 그렇듯, 이 역사에 대해서는 언제나 논란이 분분하다―유력한 정치적 이해관계와 양쪽 모두의 양극화에 의해 모호해진 상태다. 하지만 나는 역사학자이며, 맥락을 제시하는 것은 변명을 하는 것과는 다르다.

  역사적 팔레스타인에 첫번째 유대인 정착민들이 도착한 때부터 시작해서 오늘날에 이르기까지 주요한 사건과 인물, 과정 들에 빛을 비추면서, 왜 이 분쟁이 그토록 복잡하게 뒤얽히게 됐는지를 설명하고자 한다. 나는 종합적이라고 내세우는 어떤 주장도 하지 않는다. 이 문제에 관해 더욱 철저하게 파헤치는 데 관심 있는 이들을 위해서는 수십 년에 걸친 방대한 문헌이 존재한다. 하지만 나는 억압과 불의에 맞서는 누구든, 오늘날 우리가 이스라엘-팔레스타인 분쟁이라고 아는 현상의 기본적 사실을 이해할 수 있다고 믿는다. 이 책은 이러한 사실을 또렷하게 밝히려는 나의 시도다.

일러두기
- 모든 주는 옮긴이 주입니다.

차례

서론 • 005

1. 언제, 어디서 분쟁이 시작됐는가? • 011
2. 조용한 시절, 1918-1926 • 030
3. 시온주의 운동은 왜 종족 청소를 시작했을까? • 039
4. 1929년 사건들 • 048
5. 아랍 대항쟁, 1936-1939 • 053
6. 나크바로 가는 길, 1945-1947 • 063
7. 분할 결의안과 그 여파 • 075
8. 팔레스타인 종족 청소 • 083
9. 나크비 이후: 이스라엘과 팔레스타인, 1948-1967 • 099
10. 육일 전쟁으로 가는 길, 1967 • 113
11. 지상 최대 감옥 두 개의 탄생, 1967-2000 • 120
12. 두 차례 인티파다 사이, 1987-2000 • 140
13. 2차 인티파다, 2000 • 160
14. 21세기의 이스라엘과 팔레스타인 • 165
15. 2023년 10월 7일의 역사적·도덕적 맥락 • 182

결론 • 188
더 읽을거리 • 196
옮긴이의 말 • 199

1. 언제, 어디서 분쟁이 시작됐는가?

짧게 답하자면 19세기 말, 즉 팔레스타인이 1516년 이래 짧은 공위(空位) 시기 몇 차례를 제외하고는 늘 그래왔듯 다시 오스만의 지배를 받게 된 시점이다. 19세기 말에 이르렀을 때, 오스만제국의 세 지역(나블루스, 아크레, 예루살렘)에 속하는 곳에 약 50만 명이 살았다고 추산한다. 세 지역은 오늘날 이스라엘과 점령지에 해당하는 영역과 엇비슷하게 뻗어 있었다. 인구의 70퍼센트 정도가 무슬림이었고, 소수 집단이지만 기독교도와 유대인도 꽤 있었다.

세계 각지에서 온 여행자와 외교관 들은 지도에 이 땅을 팔레스타인이라고 표시했고, 거기 사는 사람들을 팔레스타인 아랍인이라고 기술했다. 주민들은 고유한 아랍어 방언을 구사했고, 마을과 부족 소속을 나타내는, 자수를 풍성하게 놓은 의복을 입는 등 독자적인 관습이 있었다. 하지만

1830년대에서 1890년대 사이에 세계 다른 지역과 마찬가지로 팔레스타인에도 변화가 한창이었다. 19세기는 민족주의의 시대였고, 팔레스타인도 예외는 아니었다. 도시 엘리트들은 다마스쿠스나 다미에타, 베이루트의 엘리트들처럼 아랍 문학과 문화에 대해 새롭게 관심을 쏟으면서, 공통의 언어를 바탕으로 민족 정체성을 형성했다. 지식인들은 모로코부터 이란까지, 시리아부터 예멘과 수단까지 아우르는 새로운 범아랍 통일 기획을 옹호했다. 제국 전체—그 가운데 3분의 2가 아랍인데도—에 튀르크의 민족 정체성을 부여하려 한 개혁 운동 청년오스만(Young Ottomans)이 등장하자, 이제 막 생겨난 범아랍 정서가 인기를 얻었다. 청년오스만 운동은 1876년 오스만 헌법 선포라는 성과를 이뤘으며, 이 헌법을 통해 튀르키예어를 유일한 국가 공용어로 삼는다고 선언했다. 팔레스타인인을 비롯한 아랍 신민들은 당연히 이런 문화적 식민화 시도에 발끈했다. 이런 흐름은 1908년 청년오스만 운동의 이데올로기적 계승자인 청년튀르크당이 집권하자 더 거세어졌다.

근대적 팔레스타인 정체성이 탄생하는 것과 동시에 루히 알칼리디(Ruhi al-Khalidi)와 나지브 나사르(Najib Nassar) 같은 선구적 작가와 시인, 언론인 들이 앞장선, 활기찬 문예 부흥이 일어났다. 그 시절에는 좋은 책은 카이로에서 씌어져서 베이루트에서 인쇄되고 야파에서 읽힌다고 말하곤 했다. 팔레스타인은 아랍 세계와 떨어진 적이 없으며, 이 세계의 필수적인 일부다. 팔레스타인은 또한 시온주의자들이 말하기 시작한 것처럼 (차지하기 딱 좋은) '사람이 살지 않는 땅'이었던 적이 결코 없다.

이런 문화적 변화와 나란히 오스만제국은 서서히 소멸하는 와중에도 나라를 근대화했다. 예루살렘과 나블루스에는 새로운 지방 정부가 세워지고, 개혁적 행정부가 들어섰다. 20세기 초에 전차 궤도를 부설하고, 전기 조명을 설치하고, 낡은 하수도를 수리하기 위한 계획이 입안되고 계약이 체결되었다. 제시된 전망대로라면, 지방 소읍들은 근대 도시로 변모할 터였다. 하지만 제1차세계대전이 발발하면서, 이런 원대한 야심이 대부분 서류상으로만 남게 되었다.

팔레스타인이 새로운 시대의 문턱에 서 있던 바로 그 순간, 시온주의가 팔레스타인에 등장했다.

시온주의는 외국에서 들어온 수입품이었다. 16세기에 시온주의는 유럽 복음주의 기독교의 기획으로 첫발을 내디였다. 개신교도 상당수는 유대 민족이 '시온'으로 돌아가면 하느님이 구약 성서에서 유대인들에게 한 약속이 이루어질 것이라고 믿었다. 이는 그리스도의 재림을 알리는 징조이자 이 세상 종말의 시작을 알리는 표식이 될 터였다. 많은 복음주의자들은 이 과정이 신속하게 진행되기를 원했다.

그들은 처음으로, 신앙을 실천하는 신자가 아닌 한 민족이나 인종으로 유대인을 받아들였다. 복음주의자들의 활동은 특히 미국과 영국에서 활발했고, 일부는 미국의 윌리엄 E. 블랙스톤이나 영국 정치가 섀프츠베리 경처럼 사회적 명성을 얻었다.

그들을 움직인 동기는 무엇일까? 유대인에 대한 공감은 확실히 아니었다. 일부는 노골적인 반유대주의자였으며, 팔레스타인을 미국과 영국, 유럽의 유대인을 내다버리는 처리장으로 보았다. 유대인을 자국의 동등한 구성원으로 받아들인 적이 없었기 때문이다. 이는 또한 특히 지배 엘리트의 성원들에게는 정치적으로도 편리한 방책이었다. 그들은 팔레스타인이라고 말하는 '성스러운 땅'을 '무슬림', 즉 오스만제국의 손아귀에서 빼앗기 위해, 종교적 구실로 유대인을 동원할 수 있다고 생각했다. 그 지역에서 유럽의 제국주의 구상을 번번이 좌절시킨 오스만제국은 눈엣가시였다.

유대인 지식인과 활동가 들은 이 운동의 동기에 대해서 냉소한 것과는 별개로, 어느 정도 영감을 받았다. 미국에서 기독교 시온주의자라고 불리는 오늘날의 기독교 근본주의자들은 여전히 이런 사고를 신봉하는, 미국에서 가장 중요한 친이스라엘 압력 집단이다. 이스라엘을 지지할 뿐만 아니라, 한 걸음 나아가 이스라엘이 요르단강 서안 점령지를 병합하고 유대화하는 것까지 지지한다.

하지만 기독교 시온주의와 유대 시온주의를 신중하게 구별할 필요가 있다. 유대 시온주의는 두 가지 자극에서 생겨났다. 처음에는 동유럽과 중유럽에서 등장해 수백 명의 목숨을 앗아간 집단 학살까지 이어진, 폭력적인 반유대주의에 대한 대응이었다. 유럽은 언제나 반유대주의라는 문제를 가지고 있었다. 수백 년 동안 기독교인들은 유대인을 그리스도 살해자라고 비난했고, 악명 높은 피의 비방(blood libel) 같은 선동을 통해 여러 잔학 행위까지 벌였다. 19세기 말에 이르면, 근대 민족주의의 열정이 유대인을 민족 내부의 별개 민족으로 묘사하는 결과로 이어졌다. 용인할 수 없고 신뢰하지 못할 집단으로 여겨진 것이다. 하시만 시온주의는 당시에 고조되는 반유대주의에 대한 적절한 해답이 아니었다. 오히려 처음에는 관심을 받지 못했다. 여러 세기 동안 유럽에서 살아온 집단에게, 사용하지도 않는 언어를 가지고 몇천 킬로미터 떨어진 덥고 건조한 땅으로 집단 이주하라는 제안은 터무니없는 강요였다. 유대인 노동자 수천 명은 사회주의 운동 조직을 만들었고, 혁명을 일으켜 자본주의 체제를 무너뜨리면 유대인으로서 당하는 억압을 끝장낼 수 있다고 믿었다. 다른 유대인들은 분명 러시아제국 차르의 자의적이고 잔인한 폭력을 염두에 두고서, 탄탄한 자유민주주의를 건설하면 유대인이 완전히 동등한 시민이 될 기회가 생기고, 이로써 '유대인 문제'가 해결될 것이라고 생각했다. 하지만 홀로코스트가 벌어지자 이런 전망에 대한 믿음이 산산이 깨졌다. 유대인 6백만 명 이상이 사망하고, 유럽 어떤 나라도 강제 수용소 생존자들을 받아들이려 하지 않아 '난민' 수용소에서 몇 년을 고생하고 나자, 나치 점령을 겪은 유럽에서는 이제 더는 안전이 보장되지 않는 듯 보였다. 그때가 되어서야 시온주의는 조직적인 운동으로, 유대 세계 곳곳에서 진정으로 광범위한 지지를 확보했다.

두번째 자극은 민족주의였다. 세기 전환기에 러시아와 오스트리아-헝가리 같은, 통제가 어려운 거대한 제국의 굴레 아래서, 유럽의 많은 집단이 민족 운동으로 스스로를 조직하면서 잃어버린 권리를 되찾기 위해 싸우기 시작했다. 그리하여 폴란드, 우크라이나, 체코, 세르비아, 그밖에 많은 종족 언어 공동체에서 민족-문화적 자치 요구가 등장했다. 유대 지식인들은 민족적 틀을 유대 정체성을 근대화하는 수단으로, 즉 정체성을 현대에 맞게 뒤바꾸는 수단으로 보았다. 그러기 위해서는 고대 히브리어를 부활시키고, 유대교의 종교 문헌, 그중에서도 가장 중요한 구약 성서를 정치 문헌으로 다시 읽어야 했다. 정통파 유대인들과 달리, 세속적 시온주의자들은 복음주의 기독교도들처럼 구약 성서를 팔레스타인이 유대인의 땅임을 보여주는 역사적 문서로 해석하기 시작했다. 반면 정통파 유대인들은 구약 성서를 하느님이 인간에게 정해준 법에 순종하게 만드는 종교적·도덕적 책자로 간주했다.

1881년 러시아제국의 남부와 서부 각지에서 특히 사나운 집단 학살의 물결이 인 뒤, 젊은 유대인들 한 무리가 팔레스타인에 정착할 계획을 세웠다. 자신들의 열성과 목적

의식에 영감을 받은 많은 이들이 선례를 따르리라 기대하면서 행동에 나선 것이다. 1882년 팔레스타인에 도착한 그들은 로스차일드 가문 같은 유대인 박애주의자와 기업가들이 제공한 돈으로 그곳에 땅을 살 수 있었다. 그들이 산 땅은 대부분 부재지주들이 소유한 곳이었다. 19세기 중반 오스만 토지법이 개혁된 뒤 국가에서 땅을 사들인, 팔레스타인 바깥에 사는 부유층들이 판 땅이었다.

이 개혁 이전에 오스만제국에서는 보통 개인이 사유 재산으로 땅을 소유할 수 없었다. 제국이 마을을 세운 지주나 농민에게 토지를 빌려주는 식이었다. 이런 마을들은 대부분 여러 세기 전부터 이어져왔다. 팔레스타인의 일부 마을은 오스만제국이 건설되기 전부터 존재하던 곳이었다. 그런데 새로운 토지 제도 아래서, 그전까지 국가에서 빌린 마을의 땅은 이제 한 지주의 사유 재산이 되었다. 하지만 오스만의 인식에 따르면, 토지 주인이 바뀌기는 했어도 현실적으로 아무 변화도 없는 셈이었다. 토지는 임차인, 즉 마을 사람들 및 마을과 붙어 있는 것이었다. 최초의 시온주의 정착민들이 자기들만의 농업 공동체를 형성하고자 했을 때, 그들은 미개간지를 구입했고 대부분 땅에는 아무도 살지 않았다.

뒤에서 살펴볼 테지만, 제1차세계대전이 끝나면서 오스만제국이 무너지고 영국의 지배가 시작되자, 상황이 바뀌었다. 시온주의 운동은 팔레스타인 위임 통치령의 영국 통치자들에게 오스만의 관습을 무시하라고 호소했다. 그들은 토지 소유자에게 팔레스타인 마을 사람들을 쫓아낼 권리가 있음을 인정하라고 영국인들에게 요구했다.

1882년 여름 야파에 상륙한 첫번째 시온주의 정착민들은 농사에 관해 전혀 알지 못했다. 대부분 동유럽 소도시에서 자란 대학생 출신으로, 농사에 타고난 소질도 없었다. 그들은 팔레스타인 농민들의 도움을 받아야 했는데, 농민들은 열매를 맺을 수 있게 땅을 갈고 쟁기질하는 법을 가르쳐주었다. 그랬는데도 첫번째 집단의 지도자인 이스라엘 벨킨드(Israel Belkind)는 농사일에 전혀 적응하지 못해서 순회 교사로 일생을 보냈다. 팔레스타인 농민들은 멍청하고 무능해서 굶어죽기 일보 직전인 젊은 이상주의자들을 구해준다고 의심의 여지 없이 생각했고, 아마 시온주의 기획이 자신들을 어떤 시선으로 보는지 낌새도 채지 못했을 것이다. 하지만 초기 시온주의의 선전에서도 팔레스타인인들은 자기 고향 땅에서 기껏해야 이방인으로 묘사되었고, 최악의 경우에는 구약 시대 이래 당연히 유대인의 차지인 땅을 무단으로 점유한 이들 정도로 여겨졌다. 이 단계에서도 이미 시온주의 사상가들은 팔레스타인으로 향하는 이동을 단순히 유럽의 반유대주의를 벗어나려는 필사적인 탈출이라고 생각지 않았다. 그들은 이를 팔레스타인을 차지하기 위한 토대를 닦는 작업으로 보았다.

1918년 오스만 지배가 끝날 무렵, 유대인 정착민은 인구의 약 5퍼센트에서 6퍼센트였다. 그들은 여전히 소수였지만 조직화한 소수였다.

팔레스타인에서 전개되는 상황과 동시에 유럽의 시온주의자들도, 특히 정부 외교를 수행하는 권력의 회랑에서 유대인에게 고국이 필요하다고 선전하기 시작했다. 이런 노력을 진두지휘한 테오도어 헤르츨(Theodor Herzl)은 언론인이자 극작가인 오스트리아 유대인으로, 근대 시온주의 기획을 창건한 시조이자 원동력이라고 역사에 기록되었다. 그는 시온주의의 목표를 이루기 위한 수단으로, 더욱 확실한 정치 구조를 만들고자 했다. 이를 위해 1897년 그가 바젤에서 소집한 1차 시온주의자 대회에서는 '팔레스타인에 유대 민족을 위한 조국'을 세운다는 강령을 채택했다. 강령에는 이런 나라를 세우는 경우에 팔레스타인인들에게는 어떤 일이 생길지에 대해서는 아무런 언급이 없었다. 하지만 헤르츨은 평화로운 공존에 관해 낙관하지 않은 게 분명하다. 1895년 일기에서 그는 "무일푼 주민들", 즉 가난한 팔레스타인인들을 국경 너머 이웃 나라들로 "이동시켜야" 한다는 희망을 피력했다.

헤르츨은 오스만제국이 유럽 열강의 압력 아래 팔레스타인을 시온주의 운동에 기꺼이 내줄 것이라고 기대했다. 심지어 이런 합의의 대가로 오스만 정부에 (자기가 갖고 있지도 않은) 돈을 주겠다고도 말했다. 하지만 오스만은 거부했다. 꿈이 눈앞에서 멀어지자, 헤르츨은 방침을 바꿔서 유대 국가를 꼭 팔레스타인에 세울 필요는 없다고 영국 정부에 제안했다. 당시 영국이 지배하던 우간다에 세워도 된다는 것이었다. 영국 정부는 이 문제에 관해 협상의 여지를 열어놓았지만, 헤르츨이 1903년 시온주의자 대회에서 새 방안을 제안하자마자 운동이 분열되었다. 이 시기에 헤르츨은 건강이 나빠지고 있었고, 1904년에 세상을 떠났다. 지금의 이스라엘에 묻힌 그는 평생에 딱 한 번 방문한 땅에서 안식을 누리고 있다. 1905년 시온주의자 대회는 우간다 계획을 명확하게 거부했다. 이제부터는 팔레스타인이 아닌 어떤 곳도 유대인의 조국이 될 수 없었다.

다비드 벤-구리온(David Ben-Gurion)이나 메나헴 우시슈킨(Menachem Ussishkin) 같은 시온주의 이론으로 무장한 다른 지도자들은 영국이든 오스만이든 정부의 승인을 받는 데 별로 관심이 없었다. 그들의 기록을 보면, 시온주의의 팔레스타인 식민화 첫 단계(1882-1918)부터 이미 팔레스타인인이 없는 팔레스타인을 상상하고 있었고, 이를 어떻게 달성할지 공공연하게 논의했음을 분명히 알 수 있다. 헤르츨이 팔레스타인이라는 장소 자체에 특별한 애정이 전혀 없었던 것과 달리, 그들은 직접 팔레스타인에 정착까지 했다. 헤르츨은 국제적 정당성을 열렬하게 추구했지만, 그들은 이를 중요하게 여기지 않았다. 그들에게는 우선 현지에 확실한 근거지를 확보하는 게 중요했다. 다른 모든 문제는 이런 기정사실을 따라오게 되어 있었다.

하임 바이츠만(Chaim Weizmann)이 헤르츨의 뒤를 이어 공식적 시온주의 운동의 지도자가 되었다. 그는 러시아 출신으로, 영국 맨체스터로 망명한 인물이었다. 시온주의 운동의 지도부를 맡았을 때, 그는 자신의 역할이 영국과 미국 양국에서 강력한 친시온주의 압력 집단을 건설하는 것이라고 파악했다. 선동가들이 아무리 반복해서 팔레스타인이 빈 땅이라고 주장을 해도 명백히 사실이 아니었기 때문에, 압력 집단은 반드시 필요했다. 팔레스타인 원주민들의 열망을 무시하고 그곳에 유대 국가를 세우는 데 조력하도록, 영국을 설득할 수 있는 압력 세력을 구축해야 했다. 그리하여 오스만제국에 맞서는 보루, 즉 유럽의 중동 전초 기지라는 명분을 내세워 영국인들을 설득하고자 했다.

제1차세계대전이 발발하자 이 과제가 한층 어려워졌다. 아랍 세계에서 영국의 주요 동맹은 하심 왕가였다. 하심가는 이슬람의 양내 성지인 메카와 메디나를 봉지했다. 1916년 영국은 오스만이 지배하는 아랍 지역을 범아랍 민족 운동의 대표 세력인 하심가에게 넘겨주겠다고 약속하면서, 오스만제국에 맞서 반란을 일으킨 뒤 독일, 오스트리아-헝가리제국에 맞서 나란히 싸우도록 그들을 설득했다. 이 지역에는 팔레스타인도 포함되었다.

영국이 자신의 약속을 지킬 심산이었다면, 중동의 근대사는 완전히 달라졌을 것이다. 하지만 제1차세계대전 중에 바이츠만은 시온주의 운동과 영국 정부 사이에 연계를 구축했다. 그는 영국이 팔레스타인의 미래에 결정적으로 중요하다고 정확히 판단했다. 영국은 이미 전쟁이 끝나고 나면 오스만제국이 종말을 맞으리라 내다보면서 중동의 새로운 지도를 그리고 있었다. 팔레스타인은 이 지역에서 영제국의 이익을 보호하는 데 결정적인 역할을 할 터였다.

바이츠만은 영국에서 친시온주의 압력 집단을 만들었다. '유대인'이 팔레스타인으로 '돌아가는 것'이 하느님의 뜻을 실현하는 길이라고 믿는 독실한 기독교인, 유대인을 영국에서 몰아내고 싶은 반유대주의자, 자신이 직접 팔레스타인으로 이주하는 건 질색이지만 공산주의 말썽꾼이라고 여기는 동유럽의 노동 계급 유대인에게는 팔레스타인이 안성맞춤이라고 여긴 영국 유대인 귀족 등으로 구성된 집단이었다. 다시 말해, 이 사람들의 유일한 공통점은 유대 국가를 세우고 싶어한다는 사실이었다.

시온주의 압력 집단이 유대인의 팔레스타인을 세우면 제국의 전략적 자산이 될 것이라고 영국 정부를 설득하는 데 2년(1915-1917)이 걸렸다. 영국의 상황을 바꾼 요인은 팔레스타인이 이집트의 수에즈 운하를 방어하는 요충지가 될 수 있다는 깨달음이었다. 따라서 그곳에 우호적인 정부를 세우는 게 중요했다. 그리하여 제국주의자들은 전략적 이유에서 팔레스타인을 원했고, 기독교 복음주의자들은 종말을 앞당기기 위해 팔레스타인을 원했으며, 유대인 지도부는 러시아 유대인을 위한 안전한 피난처이자 유대교를 강력하게 근대화하는 수단으로 팔레스타인을 원했다. 그들은 새로운 시대에 살아남기 위해서는 유대인의 정체성이 종교가 아니라 민족이 되어야 한다고 생각했다.

1917년 11월 2일, 영국 정부는 밸푸어 선언을 통해 팔레스타인을 '유대인의 민족적 조국'으로 만들어주는 한편, 팔레스타인에 '존재하는 비유대인 공동체', 즉 다수 원주민 집단의 시민적·종교적 권리를 보호하겠다고 약속했다. 이 선언은 사실 영국 외무 장관 아서 밸푸어가 영국 유대인 공동체의 비공식 지도자 로스차일드 경에게 보낸 편지였다. 아서 밸푸어가 이런 약속을 한 것은 유대인의 안녕에 관심이 있었기 때문이 아니다. 실제로, 1905년 총리 시절에 그는 1905 외국인법(1905 Aliens Act)을 밀어붙인 경력이 있다. 이는 동유럽 유대인들이 영국에 들어오지 못하게 막기 위한 이민 규제법이었다. 박해를 피해 도망치는 유대인들을,

역시 별로 관심도 없던 팔레스타인으로 보내는 것이 이상적인 해법으로 보였다.

　영국은 프랑스, 미국과 나란히 제1차세계대전의 승자로 부상했다. 연합국 세력은 이제 무너진 오스만제국의 영토를 마음 내키는 대로 분할할 수 있었다. 이런 분할에 국제적 정당성의 겉치레를 하기 위해, 승전국들은 국제 연맹을 창설했다. 원칙적으로 세계 곳곳에서 평화를 유지하는 데 전념하는 국제 기구였다. 여기서 고안한 위임 통치령 체제에 따라, 국제 연맹이 회원국에게 옛 식민지나 이전에 패배한 제국에 속하던 지역을 통치하는 권한을 '위임'했다. 이 방식은 승전을 제국 확대의 기회로 본 영국과 프랑스, 대통령 우드로 윌슨이 오스만제국의 다른 민족들은 '자율적으로 발전할 수 있는 절대적이고 완전한 기회'를 보장받아야 한다고 선언한 미국의 타협으로 이루어졌다. 이론상 옛 오스만제국의 위임 통치령들은 독립할 능력을 갖출 때까지 연합국 행정의 혜택을 받을 뿐이었고, 완전한 독립으로 나아가는 과정에 있다고 인식되었다. 가령 이라크는 1932년에 독립을 이루었고, 1943년 레바논, 1946년 시리아가 독립을 부여받았다. 팔레스타인만 외톨이로 남았다. 영국이 오래전 밸푸어 선언에서 한 약속의 직접적 결과였다.

1918년 말에 이르러 영국은 역사적 팔레스타인 땅의 점령을 완료했다. 오늘날 우리가 이스라엘, 요르단강 서안, 가자 지구라고 아는 땅이다. 팔레스타인은 이제 영국의 군사 통치를 받게 되었다. 1922년 국제 연맹은 팔레스타인에 영국 위임 통치령이라는 공식적 지위를 부여했지만, 영국은 사실 그전에 2년간 이곳을 위임 통치했을 뿐이다. 국제 연맹이 합의한 위임 통치는 밸푸어 선언의 문구를 그대로 되풀이하면서, 영국인들에게 '유대인의 민족적 조국을 확실히 건립'하고 '적절한 상황에서 유대인의 이주를 용이하게 하라'고 지시했다.

영국은 다른 위임 통치령에 적용한 방식과 똑같은 구조를 만들려고 했다. 위임 통치령 꼭대기에는 위임 통치국에서 임명한 고등 판무관이 있었다. 그 밑에 위임 통치령 주민들로 구성된 정부와 의회가 일부 제한된 권한을 행사했지만, 유럽 위임 통치국이 배치한 고문들이 긴밀하게 감독했다.

하지만 팔레스타인에서는 이 모델을 세울 수 없었다. 영국은 고등 판무관 허비트 새뮤얼(Herbert Samuel)까지는 임명했지만, 정부 구성은 한층 어려운 문제임이 드러났다. 어느 쪽도 영국이 내놓은 이런저런 제안에 만족하지 않았다. 팔레스타인인들은 밸푸어 선언의 수용과 연결되어 언제나 투표에서 지게 되어 있는 입법부를 거부했다. 그들은 또한 이민자 관리를 위해 설립한 유대인 기구와 비슷한 '아랍인 기구'에 관한 모든 제안을 거부했다. 사실상 자신들을 자기 나라에서 소수자로 취급하는 셈이었기 때문이다. 그리하여 합의를 이루지 못한 끝에, 행정과 입법을 포함한 모든 권력이 고등 판무관과 휘하 직원들의 영역이 될 터였다.

영국 위임 통치령이 시작될 때 유대인은 인구의 약 11퍼센트를 차지했다. 하지만 그들은 국제 연맹에 의해, 그리고 영국이 작성한 팔레스타인 헌법에 의해 팔레스타인을 미래의 조국으로 약속받았다. 영국 통치 시기에 영국 정부는 분할, 연방제, 두 민족 국가 창설 같은 '해법'을 제시하면서, 팔레스타인인들이 자기 나라를 빼앗기는 데에 동의하게 만들려고 갖은 공작을 펼쳤다. 영국인들은 위임 통치의 원칙, 즉 이웃 아랍 나라들에서 이루어진 것처럼 한 나라의 다수를 이루는 사람들이 나라의 미래를 결정할 권리를 갖는다는 원칙을 존중하려 하지 않았다. 그리고 팔레스타인 지도부가 미래의 팔레스타인에 유대인 정착민들의 존재를 수용하는 데에 기꺼이 동의하려 했을 때에도, 영국은 팔레스타인의 일부나 전체에서 유대 국가를 포함하지 않는 어떤 해법도 시온주의 운동에 강력하게 밀어붙이지 않았다.

2. 조용한 시절, 1918-1926

팔레스타인인들은 자신들의 발언권은 하나도 없는 외교 협정을 근거로 최근에 온, 유대인 이민자들에게 나라 전체나 일부를 내줄 생각이 없었다. 영국이 군사 통치를 한 1918년에서 1920년 사이에, 팔레스타인 사상가와 활동가 들은 여러 무슬림-기독교인 협회를 조직하기 시작했다. 이 협회들은 자치를 주장하고 밸푸어 선언의 실행에 반대하기 위해 결성되었다. 1919년에 이르러 이 단체들은 팔레스타인 아랍 회의(Palestine Arab Congress)라는 깃발 아래로 모여들었다.

팔레스타인 아랍 회의의 존재 자체는 잘 알지 못하는 사람들이 종종 퍼뜨리는 두 가지 근거 없는 믿음을 허물어뜨린다. 이 분쟁이 무슬림과 유대인 간에 벌어진 것이며 1948년 이전에는 팔레스타인에 어떤 고유한 민족 정체성도 없었다는 두 가지 믿음이 그것이다. 팔레스타인 민족 운동이 시작된 이래, 이 운동에서는 기독교인들이 결정적인 역할을 했다. 일찍이 1911년에 정교회 기독교도인 사촌 두 사람이 〈팔라스틴Falastin〉이라는 신문을 창간하면서, 아랍 팔레스타인을 옹호하고 시온주의의 야심에 대해 조기 경보를 발동했다. 오늘날에도 이스라엘의 흔한 서사는 이스라엘이 창건되기 전에 팔레스타인에는 민족주의의 역사가 전혀 없었다고 주장하기 때문에, 잠시 멈춰서 생각을 해봐야 하는 문제다. 1972년, 이스라엘 총리 골다 메이어(Golda Meir)는 유명한 발언을 했다. "팔레스타인인 같은 건 존재하지 않는다." 지금까지도 너무도 많은 이스라엘인들이 그런 정서를 고스란히 되풀이한다.

1918-1920년에는 또한 정치 단체, 청년 클럽, 아랍어 신문 등을 비롯한 새로운 팔레스타인 시민 사회가 탄생했다. 이 집단들은 팔레스타인인들의 대의 기구로 기능하는 팔레스타인 아랍 회의의 일부로 모여들었다. 파리 평화 회의가 진행되던 1919년 초, 팔레스타인 아랍 회의가 소집되어 밸푸어 선언을 철회하라고 요구했다. 그들은 팔레스타인을 독립된 아랍 시리아의 일부라고 보았다. 하지만 우리가 알 수 있듯이, 새로운 국가를 만들려는 시도에 맞서 송

교적 구분선을 가로지르는 통일이 존재했다.

영국인들은 자기들 나름의 기구를 창설하는 식으로 이런 상황 전개에 대응했다. 1921년 12월, 고등 판무관 허버트 새뮤얼은 무슬림 법정과 토지에 대해 권한을 행사하는 최고 무슬림 평의회(Supreme Muslim Council)를 설립했다. 영국인들은 이제 팔레스타인인들을 종교에 따라 분할하려고 시도했다. 하지만 이 평의회에 참여하는 무슬림들은 대단히 정치적이었고, 팔레스타인의 대의를 충실하게 지켰다. 이 나라 최고의 이슬람 권위자인 예루살렘 대(大)무프티* 하지 무함마드 아민 알후세이니(Haj Muhammad Amin al-Husayni)가 평의회 의장으로 임명됨으로써 팔레스타인에서 가장 영향력 있는 인물로 올라섰다. 그는 영향력과 권위를 활용해 막후에서 민족주의를 결집하려고 했다.

위임 통치가 공식화되기 전에 팔레스타인인들은 여전히 영국인들과 협력해서 미래의 독립을 보장받을 수 있으리라고 기대했다. 하지만 그런 환상을 산산이 부순 두 가지 사건이 일어났다.

• mufti. 이슬람법(샤리아)의 사항에 관해 파트와(종교적 견해)를 내리는 권한을 가진 이슬람 법학자를 일컫는다.

1920년 4월, 무슬림들이 예언자 모세의 탄생을 축하하는 동안 제에브 야보틴스키(Ze'ev Jabotinsky)가 이끄는 시온주의자 우익 집단이 예루살렘 구시가의 무슬림 지구를 관통해서 행진했다. '자위' 조직에 속한 유대인 남자들을 비밀리에 무장시킨 야보틴스키는 이미 3월에 집단 학살이 일어난다고 예측한 바 있었고, 무슬림과 유대인 사이의 긴장에 불을 지르려고 최선을 다했다.

4월로 향해 가는 시점에, 히브리어 신문은 서기 70년에 로마가 파괴한 두번째 성전이 있던 장소인 성전산에 유대인의 세번째 성전을 세우자는 캠페인을 벌이는 기사를 내보냈다. 예언자 무함마드가 천국으로 승천했다고 여겨지는 이슬람 제3성지인 하람 알샤리프(Haram al-Sharif) 시설을 파괴하려는 시도였다. 이 장소를 두고 여러 종교들이 앞다퉈 주장하는 소유권은 아직 누구도 만족하는 방식으로 해결되지 않았다. 이스라엘 정부가 어떤 타협도 없는 길을 선택한다면, 언제든 이슬람 세계의 대다수가 휘말리는 대화재를 촉발할 수 있다. 몇 년 전에 이런 예측을 했다면, 근거 없는 공포 조장으로 보일 수 있었을 것이다. 하지만 2022년 11월 이후, 이스라엘 정부는 성전산에 세번째 성전을 세우는 데 전념하는 두 정당을 받아들인 바 있다. 이제 전면적 충돌이 벌어질 위험성이 우리가 예상하는 것보다 한결 코앞에 와 있다. 1920년에는 이런 도발이 아랍과 유대 청년들의 거리 싸움으로 이어져서, 기존 주민들과 최근에 온 시온주의자들 사이의 분열이 극심해졌다.

팔레스타인인들은 밸푸어 선언의 실행에 맞서, 가능한 모든 수단을 동원해 조직을 이루려 했다. 노동자 단결을 찬양해야 하는, 표면적으로 마르크스주의자인 유대인 정착민들이 메이데이 시위를 벌인 직후, 1921년 야파에서 또다시 폭력의 물결이 일어났다. 야파 바로 옆, 정착민이 지배하는 도시이자 야파를 점점 잠식해 들어오는 텔아비브에서 온 유대인들이 주축이었다. 팔레스타인 동네를 관통해 행진하는 유대인들을 해산시키기 위해 영국인들이 경고 사격을 가했다. 유대인들이 자기 동네를 습격할까 우려한 팔레스타인인들은 행진 대열을 공격하기 시작했고, 이러한 충돌로 유대인 47명과 팔레스타인인 48명이 사망했다. 도발 때문에 일어나고 혼란 속에 지속된 두 차례 폭력의 물결은 적극적인 식민화 시도 앞에서 팔레스타인의 평온이 유지될 수 없음을 알리는 사태였다.

그럼에도 불구하고 1929년까지 팔레스타인 위임 통치령은 비교적 평화로웠다. 긴장이 점점 고조되었지만, 끓는점까지 도달하지는 않았다. 하지만 시온주의자들은 평온한 상태를 틈타 미래의 유대 국가를 기정사실로 만들었다. 이런 노력은 팔레스타인인들에게 재앙과도 같은 결과를 낳게 된다.

영국 고등 판무관은 시온주의자들이 미래 유대 국가의 기반 구조를 손쉽게 세우도록 해준 한편, 팔레스타인 문제는 여전히 영국의 손아귀에 쥐고 있었다. 그리하여 위임 통치 당국은 유대인 정착민들이 그들만의 교육 제도와 산업, 심지어 군사 역량과 국가의 권한이라고 여겨지는 기타 서비스까지 구축하도록 허용했다. 그와 동시에 엘리에제르 벤-예후다(Eliezer Ben-Yehuda) 같은 시온주의자들은 이디시어나 라디노어 같은 유럽 유대인의 언어를 기반으로 히브리어의 부활을 진두지휘했다. 바야흐로 유대인의 새로운 종족 민족적 정체성이 실시간으로 창조되고 있었다.

유대인 공동체는 자유롭고 효과적으로 독자적인 원형 국가를 형성할 수 있었던 반면, 다수 팔레스타인인들은 식민지 백성 취급을 받았다. 영국 행정 당국은 농촌에 거주하는 무슬림 대다수 인구에게 영국식 교육 제도를 부과했고, 누더기 같은 국가 의료를 제공했다. 국가가 제공하는 서비스는 시온주의 단체들이 구축한 기반 시설에 비해 한참 열악했다. 더욱이 영국은 이라크의 경우와 달리, 팔레스타인인들이 실질적인 토박이 통치 엘리트 집단을 발전시키도록 허용하지 않았다.

영국의 고등 교육 정책을 들여다보면, 두 집단이 얼마나 다른 대우를 받았는지 잘 알 수 있다. 위임 통치 당국은 유대인 공동체가 하이파에 기존하던 테크니온대학교를 유지하도록 해주고, 1918년 예루살렘에 히브리대학교를 세우고 1925년에 정식 개교하도록 허용했다. 하지만 팔레스타인인을 위한 대학교를 건설하는 데는 어떤 자원도 할당하지 않았다.

실제로 위임 통치 시기에, 팔레스타인 전역에서 교사를 훈련하는 정부 시설은 단 한 곳이었다. 남교사 사범학교는 후에 예루살렘의 아랍칼리지가 된다. 영국 당국은 (인도와 이집트에서 겪은 경험을 상기하며) 주민들을 교육하면 통제가 어려워지지 않을까 걱정했다. 그럼에도 팔레스타인인들은 이 사범 학교 기관들을 준대학으로 전환했다. 1925년, 아랍

칼리지는 학생들이 대학 입학시험을 치르도록 준비시켜서 팔레스타인 바깥에 있는 대학교에 입학하게 해주었다. 아랍칼리지는 학생을 까다롭게 선발했고, 학문적으로도 뛰어났다. 많은 졸업생이 이웃 아랍 나라들을 비롯한 여러 나라에서 명망 높은 경력을 쌓았다. 1948년의 재앙이 일어나지 않았더라면, 그리고 팔레스타인 국가 수립의 전망이 폭력적으로 억압되지 않았더라면, 이 인물들은 분명 팔레스타인의 미래 통치 엘리트 집단이 되었을 것이다. 하지만 그들은 자신의 재능을 이라크나 레바논, 다른 멀리 떨어진 나라에서 펼칠 수밖에 없었다.

더 주목해야 할 점은, 시온주의 운동이 자체 준군사 집단인 하가나(Haganah)를 설립하도록 영국 당국이 암묵적으로 용인했다는 것이다. 영국 군경과 시온주의 준군사 집단이 협력한다는 증거가 드러났고, 이 사실에 팔레스타인인들은 분개했다. 그러는 동안에도 팔레스타인인들은 유의미한 규모로 스스로 무장을 갖추거나 조직을 이룰 수 없었다.

하지만 앞서 살펴보았듯, 이 시기에 시온주의자들의 존재는 여전히 상대적으로 많지 않았다. 그리고 불가능한 질문—다른 이들의 나라에 어떻게 '유대인의 조국'을 건설할 것인가―에 대한 답을 아직 찾지 못한 상태였고, 영국의 입장은 여전히 변화의 여지가 있었다. 특히 1920년대 전반기에 두 공동체는 어쨌든 공존할 수 있었다. 아랍 노동자들이 시온주의 노동조합 히스타드루트(Histadrut)에서 배제됐지만, 그래도 1925년 하이파의 의류 제작 산업과 목공 산업 분야 파업처럼 아랍 노동자와 유대 노동자가 공동 파업을 벌였다. 아랍인과 유대인은 당시까지도 새로운 사업체를 공동 창업했다. 1920년대에 문을 연 동업 사업체가 1천 개가 넘었다. 현장에서는 사실이 확립되고 있었다. 하지만 뒤따른 재앙은 불가피한 게 아니었다. 앞으로 살펴보겠지만, 시온주의 운동의 성격이 바뀐 뒤에야 그렇게 되었을 뿐이다.

3. 시온주의 운동은 왜 종족 청소를 시작했을까?

1920년대 시온주의 운동은 거대 열강의 자비에 의존해서 단순히 유대인이 안전하게 살 수 있는 나라를 세운다는 목표에서, 뻔뻔스럽게 토착 인구의 땅을 빼앗으면서 스스로의 힘으로 팔레스타인을 식민화하는 목표로 옮겨갔다. 더욱이 이런 축출을 유대인의 조국을 확보하는 데 **필수적인** 조건으로 여기기 시작했다. 보통 팔레스타인 종족 청소 시점을 1920년대 중반으로 잡지는 않지만, 당시 벌어진 사태가 그후 이어지는 모든 결과의 토대를 닦았다.

1926년 무렵, 시온주의 운동은 19세기 중반 오스만 개혁 이래 수십 년에 걸쳐 지속되던 토지 소유의 관습을 뒤엎었다. 앞서 살펴보았듯, 토지는 국가로부터 임대하는 것이 아님을 뜻하는 이 개혁 덕분에 부유층이 개인 지주가 될 수 있었다. 실제로 마을 이름으로 집단을 이루이 등록한 까닭에 개별 농민이 언제나 보유권 문서를 보여줄 수도 없었다. 이 때문에 농민들을 쫓아내기 쉬웠다. 농민들은 정부에 자신의 토지에 대한 소유권을 요구할 근거가 별로 없었다. 이렇게 해서 한줌에 불과한 지주들이 많은 토지를 소유하게 됐다. 대다수 지주는 팔레스타인 밖에 사는 이들로, 요즘 말로 하면 '부재지주'였다. 그중 몇몇은 팔레스타인의 명사*였다.

이 개혁은 농촌 주민들의 일상적 삶을 바꾸려는 시도가 결코 아니었다. 토지를 매입하면 그에 딸린 마을과 마을 사람들까지 따라왔다. 관습에 따르면, 마을 사람들은 지주에게 일정한 의무를 수행해야 했다. 하지만 마을 사람들이 그대로 거주한다는 사실에는 어떤 의문도 없었다. 영국 당국이 규칙을 바꾸기 전까지는.

1920년에 처음 영국 당국은 토지 매입에 관한 기존의 많은 제한을 철폐했지만, 팔레스타인의 저항을 의식해서 시온주의자들의 토지 매입에는 일정한 제한을 두었다. 그럼에도

---

* notable. 오스만제국의 개혁 이후 팔레스타인을 비롯한 레반트 지방의 농촌과 소읍에서 부상한 지주 계급. 상인이나 성직자, 정부 관리가 중심인 도시 엘리트와 달리 농촌의 명사는 셰이크(부족장이나 이슬람 학자의 경칭)나 무크타르(촌장)가 많았다.

실제로는 시온주의 운동이 능력껏 많은 토지를 매입할 수 있게 되었다. 또한 대를 이어 똑같은 땅에서 농사를 지어온 팔레스타인 마을 사람들이 소작농으로 다시 분류된 까닭에, 그들의 존재는 지주의 뜻에 따르게 되었다. 1921년에서 1925년 사이에 미국 시온 공동체(American Zion Commonwealth)는 당시의 마르지 이븐 아말(Marj ibn Amr), 오늘날의 이스르엘 골짜기 땅 8만 에이커(약 3백24제곱킬로미터)를 베이루트의 수르속(Sursock) 집안에게서 사들였다. 1929년에 유대 민족 기금(Jewish National Fund)은 하이파와 텔아비브 사이에 있는 당시의 와디 하와리스(Wadi Hawarith) 지역의 땅 약 7천5백 에이커(약 30제곱킬로미터)를 매입했다. 레바논의 토지 소유주가 빚을 갚지 못하자 매물로 내놓은 땅이었다.

이 두 지역에서 새로운 시온주의 정착민들은 대대로 농사를 지어온 마을 사람과 농민 들을, 때로는 강제로 쫓아냈다. 유대인이 스스로의 힘으로 땅에서 일한다는 이상에 몰두한 시온주의자들은 영국 당국에 퇴거 명령을 요청해 얻어냈다. 그리하여 팔레스타인 종족 청소가 시작되었고, 이는 오늘날까지 계속 이어진다.

시온주의 정착촌이 현지 주민들을 쫓아내면서 확대된 방

식을 보면, 시온주의의 성격이 변화했음을 알 수 있다. 유대인을 구하고 유대교를 무엇보다도 민족 정체성으로 변형함으로써 근대화하려는 운동으로 시작된 시온주의는 이제 분명히 다른 민족을 종속시키는 데 의존하는 정착민-식민 기획이었다.

정착민 식민주의(settler colonialism)가 무슨 뜻인지 설명해보도록 하겠다. 고전적 식민주의에서는 본국인들이 식민지를 통치한다. 영국이 인도를 통치하는 방식이나, 포르투갈이 아프리카 식민지들에서 보여준 모습처럼. 목표는 토착 주민을 충성스러운 식민지 백성으로 변모시키는 것이다. 식민지 정복자들은 식민지에서 지배적 다수가 되겠다는 목표를 세운 적이 없다. 한편 정착민 식민주의에서 정복자는 토착 사회를 자신들의 사회로 완전히 대체하는 것을 목표로 삼는다. 정착민들은 종종 본국에서 버림받은 이들이다. 어쨌든 북아메리카는 유럽에서 종교적 박해를 피해 도망친 사람들이 식민 영토로 삼았다. 식민지 개척자들은 자신들이 원하는 나라를 건설하려고 노력한다. 그리고 그들은 제국 열강이 세력권을 확대하는 데 유용한 수단이 된다. 멀리 떨어진 땅에 우호적인 체제가 세워지기 때문이다.

문제는 이 땅이 텅 빈 곳이 아니라는 사실이다. 자신들의 고유한 문화와 사회 체제를 강제하려고 필사적으로 노력하는 정착민들 입장에서, 자신들과 너무도 다른 토착 주민은 제거해야 하는 걸림돌이다. 잔학 행위를 하지 않으면 제거할 수 없다. 가령 오스트레일리아에서는 영국인이 정착하는 1백40여 년 동안 토착 원주민 학살 사건이 최소한 2백70건 벌어졌을 뿐만 아니라, 무력 충돌도 일어나고 전염병 때문에 수많은 사망자가 발생하기도 했다. 하지만 이 과정은 단순한 폭력의 과정이 아니다. 정착민들은 토착 사회의 역사를 지워버린다. 그리고 자신들이 처음 도착한 때부터 역사가 시작되었다는 듯 여긴다. 오랜 관습이 사라지고, 정착민들은 토착 음식을 자기네 전통 음식인 양 군다. 간단히 말해, 이 땅은 비어 있는 곳이 아니다. 그리하여 정착민들은 땅을 비워버린다.

　오스트레일리아 정착민 식민주의를 연구한 위대한 학자 고(故) 패트릭 울프(Patrick Wolfe)는 토착민을 보는 정착민의 태도를 '제거의 논리'라고 묘사했다. 그는 제거가 완전히 이루어지지 않는 한, 정착민-식민 기획은 이를 완성하려고 노력한다고 주장했다. 다시 말해, 이스라엘이 정착민 식민주의의 정신을 유지하는 한, 결코 팔레스타인인과 평화롭게 공존하지 못할 것이다.

이런 행동은 난데없이 나타나는 게 아니다. 이런 종족 청소와 제노사이드의 행위가 벌어지기 전과 도중에, 정착민들은 이데올로기적 정당화를 구축하며 합의를 창출한다. 때로는 직접적으로, 때로는 한층 에둘러서 자신들의 의도에 관해 쓴다. 회화 같은 언뜻 무해해 보이는 매체에서도 이를 볼 수 있다. 초기 시온주의 화가들은 자신들의 미래 조국의 풍경을 팔레스타인 마을이 하나도 없는 모습으로 묘사했다. 마을이 있으면 환상을 망치기 때문에, 그렇게 그려야만 했다. 시온주의자들은 토착 주민들에 대한 자신들의 태도를 어떻게 정당화했을까?

다른 정착민 식민주의자들과 마찬가지로, 그들도 토착 주민들을 '야만인'이나 '원시인'으로 묘사하면서 비인간화하는 방식에 의존했다. 팔레스타인에서 특히 유력한 비유는 '유랑민', 즉 땅에 전혀 애착을 갖지 않는 사람들이라는 표현이었다. 많은 마을이 수천 년 동안 이어져왔는데도 아랑곳하지 않았다. 동시에 정착민들은 더 고상한 목적, 즉 낙후한 지역에 근대화(와 문명)의 혜택을 가져다준다는 목적에 따라 움직인다고 주장한다. 하지만 정착민 식민주의자들은 결정적인 면에서 고전적 식민주의자와 다르다. 고전적 식민주의자는 자신이 야만인들에게 근대를 가져다준다고 생각했다. 반면 정착민 식민주의자는 자신이 사람이 아니라 땅을 근대화한다고 여겼다. 사람들은 땅에 접근하기 위해 치워버려야 하는 걸리적거리는 존재였다. 오늘날에도 많은 이스라엘인은 시온주의자들이 도착해서 '사막에 꽃을 피우기 전까지' 팔레스타인이 사실상 광활한 사막에 불과했다는 신화를 되풀이한다. 유럽 연합 집행위원장 우르줄라 폰데어라이엔(Ursula von der Leyen) 같은 인물도 이스라엘 창건 75주년 기념일을 축하하며 이스라엘에 보낸 메시지에서, 이런 낡고 상투적인 문구를 되풀이했다. 앞서 살펴보았듯, 팔레스타인은 결코 사막이 아니었고, 팔레스타인 사람들도 유랑민이나 원시인이 아니었다.

시온주의 사상가들은 유럽을 비롯한 세계 곳곳의 유대인들에게 시온주의 기획의 설득력을 높이기 위해 이런 환상을 퍼뜨렸지만, 한편으로는 처리해야 하는 토착 원주민이 존재한다는 사실도 잘 알았다. 1920년대가 되기도 전에, 우리는 시온주의 지도자들이 팔레스타인 주민들을 이동시킬 방도를 숙고했음을 발견할 수 있다. 몇몇 시온주의 이론가들은 적절한 금전적 보상을 제공하면 팔레스타인인들이 자발적으로 이웃 아랍 나라들로 이주하리라 기대했다. 하지만 스스로 떠나지 않는 경우에 대비해 강제 이주가 여전히 의제로 남아 있었다. 시온주의 지도자와 활동가 들은 1920년대 중반부터 1948년까지 이런 사고방식을 발전시켰고, 결국 때가 되자 이를 행동에 옮겼다. 앞서 모호하던 발상들이 종합 계획으로 전환되었고, 결국 팔레스타인 아랍 인구의 절반을 종족 청소하는 결과로 이어졌다.

1920년대의 대규모 토지 매입과 이에 동반한 종족 청소 작전이 조용한 시절을 끝장내는 데 일조했다. 1920년대가 막을 내리는 가운데, 유대인 정착민과 팔레스타인인 사이에 훨씬 더 걱정스러운 관계가 등장하면서 1930년대에는 폭력적 충돌이 한층 빈발하게 된다. 또한 양쪽 모두 자신들을 보호해주지 못한다고 여기는 영국 당국과 충돌했다.

자기 손으로 비옥하게 만든 농장에서 쫓겨나 땅 없는 신세로 전락한 팔레스타인인들이 어쩔 수 없이 소도시로 몰려들었고, 재앙이 조성되고 있다는 신호가 뚜렷해졌다. 이 팔레스타인인들은 유대인이 생산 노동에 종사함으로써만 스스로 근대화를 이룰 수 있다고 믿은, '히브리 노동자'라고 알려진 명목상 '사회주의적인' 시온주의 단체들의 희생양이었다. 이 단체들은 농업 노동이 유대인의 전유물이 되어야 한다고 믿었으나, 팔레스타인 농업 노동자를 쓰는 유대인 고용주들조차 이런 방침에 저항했다. 실제로 농장 일을 해본 적 없는 정착민들을 고용하기 위해 숙련된 일꾼을 포기하라는 것은 터무니없는 요구였기 때문이다. 하지만 이런 태도를 가진 지주들은 포기할 때까지 공격을 받고 공개적으로 망신까지 당했다. 그리하여 가난하고 가진 것 없는 팔레스타인인들은 소도시에서 일자리를 찾았다.

1929년, 파국적인 긴장이 폭발하게 된다.

4. 1929년 사건들

팔레스타인인들은 1929년에 벌어진 사태를 알부라크 혁명(thawrat al-Buraq)이라고 한다. 알부라크는 이슬람 예언자 무함마드를 메카에서 예루살렘까지, 그리고 예루살렘에서 천국까지 태우고 간 날개 달린 반노새, 반당나귀다. 예언자 무함마드가 알부라크를 예루살렘 서쪽 벽(통곡의 벽) 돌 틈에 묶어 두었다는 이야기가 전해 내려온다. 유대 전통에서 두번째 성전 터로 여기는 곳을 에워싼 땅이다. 물론 시온주의자들은 이 사태를 폭동이라고 부른다.

시온주의자들이 무슬림 구역을 관통해 행진한 1920년의 경우처럼, 소요는 예루살렘 구시가에서 시작되었다. 1928년 가을 이래 시온주의자들은 점점 성전산 또는 하람 알샤리프 접근로에 대한 무슬림의 통제에 도전하는 목소리를 높였다. 1929년 8월 15일, 야보틴스키에게 고무된 수정주의 시온주의자들과 하가나가 서쪽 벽 옆에서 시위를 벌이자, 다음 날 무슬림들도 대항 시위를 하기 위해 결집했다. 여러 뜬소문과 의도적인 선동으로 어수선한 가운데 무슬림과 유대인이 그 주 내내 폭력적으로 충돌했는데, 8월 23일 무슬림의 금요 기도가 끝난 뒤 유대인 17명이 살해되는 사건으로 정점에 달했다. 이 사건은 연쇄 반응을 일으켰고, 혼돈이 이어지면서 1주일 만에 유대인 1백33명과 팔레스타인인 1백16명이 목숨을 잃었다. 폭력은 예루살렘에만 국한되지 않고 다른 도시들로 확산됐는데, 헤브론 학살이 가장 악명을 떨친 사건이다.

헤브론의 유대인들은 시온주의가 당도하기 전 수백 년 동안 팔레스타인에서 살아온 소수 유대인 집단의 일부였다. 그들은 무슬림 공동체와 평화롭게 살았다. 이슬람과 유대교가 함께 섬기는 예언자 아브라함의 안식처가 있는 헤브론은 두 공동체 모두의 성지였다. 하지만 젊은 시온주의자들, 즉 근대 유럽 복장 차림의 예시바* 학생들은 달갑지 않은 이주민들이었다. 예루살렘에서 전해진 소식이 많은

---

* yeshiva. 정통파 유대인 학교.

이의 귀에 들어가자, 헤브론 바로 외곽의 마을들에서 온 무슬림들이 도시를 습격했다. 유대인 67명이 학살당했는데, 그 와중에 일부 유대인은 호의적인 무슬림 가정의 집에 몸을 숨길 수 있었다. 끔찍한 잔학 행위인 헤브론 학살은 오늘날 이스라엘의 공식 서사에서 공존이 불가능함을 '입증'하는 동시에, 아이러니하게도 이후 숱하게 벌어진 팔레스타인인 학살을 정당화하는 무기로 활용된다.

1929년 사태를 직접적으로 촉발한 동기는 종교적인 것이었지만, 팔레스타인인들이 눈앞에서 사회 질서가 무너져 내리는 모습을 목격하면서 소요 사태가 순식간에 파괴적으로 확산되었다. 10년 동안 시온주의 운동이 성큼성큼 팔레스타인에 들어오는 과정에서 느낀 좌절감이 분출된 사태였다. 이 10년 동안 농촌에 사는 팔레스타인인들은 모든 이의 눈앞에 펼쳐진 미래—종족 청소와 의도적인 궁핍화—를 볼 수 있었다.

점점 더 많은 팔레스타인인이 농업 노동에서 밀려나는 가운데, 판자촌이 등장했다. 팔레스타인 북부 하이파의 판자촌에서는 새로운 형태를 갖춘 팔레스타인의 저항이 시온주의와 영국의 공모에 맞섰다. 게릴라전이 시작된 것이다.

이때 이맘 이즈 알딘 알카삼(Izz al-Din al-Qassam)이라는 카리스마적인 설교자가 무대에 등장했다. 독자 여러분에게 익숙한 이름일 것이다. 하마스의 군사 조직이 그의 이름을 딴 것이며, 알카삼 여단이 초창기에 만든 로켓에도 알카삼이라는 이름이 붙어 있다. 팔레스타인의 많은 세속적 저항 단체들 또한 영국인들에 맞선 불운한 저항 속에 게릴라전 방식을 팔레스타인의 투쟁에 도입한 그의 유산을 기린다.

알카삼은 1882년 시리아에서 태어났다. 1919-1920년에 프랑스 점령자들에 맞선 반란에 가담해서 산악 지대에서 싸웠다. 그가 위협이 된다고 판단한 프랑스인들은 사형을 선고했다. 1920년 말 프랑스인들의 손아귀에서 도망친 알카삼은 하이파에 정착했다. 지금도 남아 있는 이스티클랄 사원에서 설교를 했고, 무슬림 학교에서 학생을 가르치기도 했다. 그러면서 금세 스스로 이름을 떨쳤다.

반식민 투쟁 경력을 지닌 알카삼은 하이파 주변 판자촌에 사는 무슬림 젊은이들에게 열정을 불어넣어, 독자적인 준군사 조직을 창설하게 만들었다. 그들은 영국 식민 지배에 맞서 장기 투쟁을 준비하고자 했다. 하지만 유내인 이민의 대규모 유입과 영국 당국의 강화되는 감시에 직면하자, 알카삼은 때 이르게 속셈을 드러낼 수밖에 없었다. 1935년 11월, 요르단강 서안 제닌 근처 산등성이에서 알카삼을 비롯한 12명이 훨씬 수가 많은 영국군을 상대로 몇 시간 동안 전투를 벌였고, 끝내 물리쳤지만 결국 알카삼과 4명이 목숨을 잃었다. 하이파는 바로 다음 날 총파업을 선언했다. 네셰르―당시 이름은 발라드 알셰이크―라는 유대 소도시 근처에 그의 무덤이 있으며, 지금도 방문할 수 있다.

알카삼의 죽음에 고무된 많은 팔레스타인 젊은이들이 점점 무기를 집어들고 영국에 대항하는 전쟁을 벌일 준비를 했다. 시온주의 정책을 포기하게 만드는 것이 목표였다. 알카삼은 또한 그전까지 후세인과 나샤시비 양대 가문으로 분열돼 있던 팔레스타인 정치 지도부에 굳건한 단합을 안겨주었다. 알카삼의 군사 반란은 실패할 운명이었지만, 그는 한층 조직적인 저항으로 나아가는 길을 닦았고, 이런 저항은 1930년대 후반에 결실을 맺게 된다.

5. 아랍 대항쟁, 1936-1939

1929년 이후 영국인들은 자신들이 해결하려고 하는 문제가—영국이 양쪽 모두에 약속을 한 바 있는—두 민족 사이의 충돌임을 깨달았다. 영국은 두 차례 조사 위원단을 보내 1929년 폭력 사태의 발발 원인을 살펴보았다. 월터 쇼(Walter Shaw) 경이 이끄는 위원단과 존 호프 심슨(John Hope Simpson) 경이 이끄는 위원단이었다. 쇼 위원단은 폭력 사태를 낳은 원인이 팔레스타인 농민들의 재산을 빼앗으려는 시온주의 기획과 시온주의에 대한 팔레스타인인들의 근본적인 거부라는 결론에 다다랐다. 나중에 진행된 호프 심슨 위원단의 조사도 비슷한 결론에 도달했다. 최종 보고서는 유대인의 팔레스타인 이주를 제한하라고 권고했다.

처음에 영국 정부는 두 조사단의 결론을 무척 진지하게 받아들이고 방침 변경을 준비했다. 1930년 10월, 패스필드

(Passfield) 경(시드니 웹Sidney Webb)은 시온주의자들의 추가적인 토지 매입과 이민을 제한하자고 제안하면서, 아랍인들의 실업을 악화시키는 시온주의 단체들을 엄중히 비판하는 백서를 내놓았다. 정부 정책에 극적인 변화가 이루어진 셈이다. 하지만 1930년에도 영국에서는 친시온주의 압력 집단의 영향력이 무척 컸다. 하임 바이츠만이 압력을 가하는 가운데, 영국 총리 램지 맥도널드(Ramsay MacDonald)는 1931년 초 백서의 내용을 '분명하게 설명하기' 위해 서한을 발표했다. 사실상 백서를 철회한 것이다. 팔레스타인 현지에서 친시온주의 정책이 아무 방해도 받지 않고 계속될 터였다.

신속하게 철회된 변화에 대한 약속은 팔레스타인 쪽에서 일어난 불길에 기름을 끼얹은 결과를 낳았다. 팔레스타인인들은 시온주의 로비 전략을 모방하려 했지만, 그만큼 풍부한 자원이 없었다. 1930년에서 1936년 사이에 팔레스타인인들은 런던에서 민원과 시위, 회의를 진행하면서 영국의 정책 변경을 유도하려 했다. 하지만 아무 성과도 얻지 못했다.

1936년 팔레스타인 지도부는 더 강력한 행동이 필요함을 깨달았다. 1936년 4월, 팔레스타인의 모든 정치 단체를 아우르는 조직인 아랍 고등 위원회(Arab Higher Committee)는 6개월간 전국 총파업을 벌이자고 호소하면서, 유대인 이민과 토지 매입을 중단시키고 팔레스타인 중앙 정부를 수립하라고 요구했다. 팔레스타인 농민과 젊은층은 파업 행동에서 멈추지 않았다. 그들은 영국과 유대인 세력을 겨냥한 전면 항쟁을 벌였다. 봉기를 진압하는 데 꼬박 3년이 걸렸다.

영국은 왕립 해군의 공중 폭격을 비롯한 무력을 사용해서 항쟁을 진압했다. 더 나아가 집단 처벌 모델을 활용했다. 오늘날 점령지 요르단강 서안과 가자 지구에서 펼쳐지는 광경을 보는 우리 모두에게 익숙한 모델이다. 1936년 6월, 더욱 충격적인 일이 일어났다. 영국군은 야파 구시가지에서 2백 채가 넘는 건물을 폭파해서 팔레스타인인 6천여 명을 노숙자 신세로 만들었다. 팔레스타인인 수천 명이 죽었고, 많은 이들이 체포되고 부상을 당했다. 항쟁의 배후에 있다고 지목당한 군 지도자들은 가차없이 표적이 되어, 막대한 수가 살해되었다. 지도자들 말고도, 팔레스타인 쪽에서 가장 경험이 많은 세력인 군 엘리트의 다수가 목숨을 잃었다. 목표는 단순히 항쟁을 진압하는 것이 아니었다. 팔레스타인인들이 다시 효과적으로 항쟁을 벌이지 못하도록 확실하게 약화시키려는 방책이었다. 그리고 실제로 1948년에 이스라엘을 건국하려는 시온주의 군대의 진군에 의해 팔레스타인인들은 신속하게 진압되었다.

항쟁이 몇 달째 이어지다 휴전이 진행되는 동안, 영국은 충돌의 해법을 찾기 위해 필 위원단(Peel Commission)을 파견했다. 1937년 7월, 위원단은 팔레스타인의 분할을 권고하면서 요르단(당시 명칭은 트란스요르단) 옆에 소규모로 미래의 유대 국가를 창건하라고 제안했다. 보고서에서 팔레스타인의 '아랍' 지역이라고 언급하는 땅을 병합하는 국가였다.

종교적·전략적으로 중요한 특정 장소들은 위임 통치 체제를 통해 영국이 잠정적으로 통치하다가, 영국과 두 신생 국가가 조약을 맺어 처리하기로 하는 방안이었다. 유대 국가에 할당된 땅에 남아 있는 25만 명 정도 되는 팔레스타인 주민들은 트란스요르단으로 이주시키자고 제안했다.

아랍 고등 위원회가 이 권고안을 일고의 가치도 없다고 거부한 것은 놀랄 일이 아니다.

당시 현지의 시온주의 운동은 다비드 벤-구리온 지도부

가 이끌고 있었다. 그는 영국의 여러 제안에 좀더 유화적인 태도를 보였다.

시온주의 운동에 속한 다른 이들은 벤-구리온에게 권고안을 거부하라고 요구했지만, 그는 두 가지 이유를 들며 시온주의자들에게 국가로 제공되는 비교적 좁은 지역을 기꺼이 받아들였다. 그가 설명했듯, 유대인은 여전히 소규모 공동체였다. 지금 권고안을 받아들인다 해서 향후에 더 많은 영토를 차지할 가능성이 사라지는 건 아니었다. 그리고 둘째, 이런 식으로 영국 쪽에 올리브 가지를 내미는 데에는 아무 비용이 들지 않았다. 팔레스타인인들이 제안을 거부하리라고 절대적으로 확신했기 때문이다. 그는 이미 앞날을 생각하고 있었다. 그는 가장 가까운 친구 몇몇과 아들을 모아놓고, 시온주의자들의 유대 국가 영토에서 팔레스타인인을 이주시킬 준비를 하는 문제에 대해 논의했다. 영국인들이 이 과정에서 도움을 주지 않을 것이란 사실을 직감하고 있었다.

현지에서 곧바로 해법이 나오지 않으리라 간파한 영국은 필 위원단의 제안을 국제 연맹으로 가져가는 방안을 검토했다. 그렇게 하기에 앞서 영국은 1938년 다른 조사단 우드헤드 위원단(Woodhead Commission)을 팔레스타인에 보냈다. 우드헤드 위원단은 필 위원단이 권고한 분할안이 전혀 실행 불가능하다고 거부했다. 어떤 식으로든 분할을 하려면 엄청나게 많은 팔레스타인인을 강제로 이주시켜야 했기 때문이다. 우드헤드 위원단이 선호한 해법은 작은 유대 국가와 큰 팔레스타인 국가를 만들고, 예루살렘뿐만 아니라 북부와 남부의 땅은 위임 통치령으로 남기는 것이었다. 그리고 세 지역을 하나의 관세 동맹으로 묶는 방법을 제안했다. 이 안은 위원단 성원들 사이에서도 논란이 많았다. 요컨대, 우드헤드 위원단은 팔레스타인 위임 통치령의 상당 부분이 유대 국가가 되려면, 막대한 불공정을 대가로 치를 수밖에 없음을 분명히 했다.

이런 자각 이후, 팔레스타인 지도자들은 영국이 마침내 팔레스타인인에게 유대 국가를 강요하는 것이 불가능하다는 사실을 깨달은 모양이라고 기대했고, 덕택에 항쟁을 종식시키기 쉬워졌다. 영국 정부는 1939년 5월, 비슷한 내용의 백서를 발표했다. 백서는 이제 팔레스타인에 유대인 정착민이 45만 명을 넘어섰으니 영국이 밸푸어 선언에서 유대인에게 '민족적 조국'을 제공하겠다고 한 약속을 이행한 셈이라고 선언했다. 또한 팔레스타인은 10년 안에 독립국이 될 것이며, 팔레스타인인과 유대인이 공동으로 통치하도록 하자고 권고했다. 유대인 이민과 토지 매입은 적어도 향후 5년 동안은 제한될 예정이었다. 예측 가능하게도, 누구도 이 제안에 만족하지 않았다.

시온주의 지도부는 밸푸어 선언의 약속에 정면으로 위배된다며 백서를 거부했다. 팔레스타인 아랍 고등 위원회는 백서가 여전히 '유대인의 민족적 조국'에 관한 확언을 표명하고 유대인 이민을 고작 5년간 제한하자고 제안하는 데 실망했다. 백서를 발표하고 불과 5개월 뒤, 히틀러와 스탈린이 폴란드를 침공했다. 제2차세계대전이 시작된 것이다. 영국은 히틀러가 이라크 같은 신생 독립국들을 자기편으로 끌어들이려 한다는 사실을 간파하고, 중동에서 전략적으로 중요한 기착지인 팔레스타인에 연합군을 배치해야 한다고 판단했다. 그리하여 나치가 점령한 유럽 곳곳의 유대인들이 피난처를 애타게 찾는 가운데서도 영국은 팔레스타인의 문을 단단하게 걸어 잠갔다.

히틀러가 빠른 속도로 유럽을 휩쓴 뒤 유대인들이 대량 학살을 당하자, 시온주의자들의 태도가 확고해졌다. 이제 어떤 식으로든 팔레스타인인과 타협할 생각이 없었다. 1942년 5월, 뉴욕 볼티모어 호텔에서 시온주의 지도부는 역사적 팔레스타인 전체를 유대 국가로 만들겠다는 의지를 선포했다. 뉴욕이라는 장소가 의미심장하다. 시온주의 운동은, 팔레스타인의 미래를 결정하는 열쇠가 한동안 영국의 수중에 있지 않을 것이며, 이제 새로운 세계 강대국이 스포트라이트를 받으리란 사실을 간파했다. 시온주의 운동은 이전에 영국에서 힘을 쏟은 것처럼, 이제 미국에서 힘을 발휘하는 데 열성적이었다.

팔레스타인인들에게는 1942년 영국이나 미국에서 활약한 시온주의 압력 집단에 맞먹는 세력이 없었다. 팔레스타인 지도부는 아랍 항쟁 시기에 겪은 대량 학살에서 여전히 회복하지 못한 상태였다. 대다수 저명한 정치인들은 망명 중이거나 수감되어 있었다. 당시 팔레스타인 정치의 지도적 인물인 예루살렘의 무프티 하지 무함마드 아민 알후세이니는 원래 1920년대 초에 영국인들의 지지를 받은 바 있었다.

1930년대에 이르러 그는 지역의 다른 엘리트들, 그리고 영향력 있는 자기 집안 성원들과 독자적인 정치 단체를 결성했다. 또다른 팔레스타인 집단은 역시 엘리트 집안인 나샤시비 가문이 중심이었다. 두 집단을 비롯한 여러 단체가 아랍 고등 위원회에 속했지만, 하지 아민이 여전히 가장 두드러진 인물로 위원회 의장이었다.

아랍 항쟁이 발발했을 때, 영국 당국은 아랍 고등 위원회가 불법 단체라고 선언하면서 하지 아민을 최고 무슬림 평의회 의장에서 면직했다. 1937년 7월, 영국 당국은 하지 아민의 체포 영장을 발부했다. 미리 제보를 받은 그는 가까스로 다마스쿠스로 탈출한 뒤, 1941년 나치 독일에 입국하면서 영국에 맞서 아랍 무슬림이 결집해야 한다고 라디오 방송을 했다. 제2차세계대전 당시 하지 아민만 적의 적은 친구라는 격언에 따라 행동하지는 않았다. 그가 나치와 어울린 시기는 잠깐이었고 별로 중요한 일도 아니었으며, 총력전 수행에 어떤 식으로든 크게 기여하지도 않았다. 하지만 이스라엘의 서사에서는 그가 나치와 손을 잡은 일을 지금도 팔레스타인 해방 운동의 신뢰를 깎아내리는 구실로 활용한다. 베냐민 네타냐후 총리가 히틀러에게 죽음의 수용소 발상을 귀띔한 인물이 바로 하지 아민이며 그렇게 하지 않았더라면 히틀러가 유대인을 추방하는 데 그쳤으리라고 주장하는 등, 때로는 황당무계한 수준의 음모론까지 등장한다.

하지 아민이 망명길에 오르고 팔레스타인 지도부의 남은 성원들이 대부분 범죄자 취급을 받으면서, 시온주의 운동은 영국과 미국의 축복 속에 거리낌없이 팔레스타인을 탈아랍화해야 한다고 선동했다. 팔레스타인인들은 시온주의 세력만큼의 정치적 영향력이 없었다. 이제 유일한 희망은 이웃 아랍 나라들의 도움에 의존하는 것뿐이었지만, 그 나라들 자체가 아직 제대로 된 민족 국가로 우뚝 서지 못한 상태였다.

유럽 전역에서 6백만 명이 넘는 유대인이 목숨을 잃은 홀로코스트 이후, 양심을 깨끗하게 세탁하려고 안달이 난 유럽 열강은 팔레스타인인들에게 최소한의 공감도 느끼지 못했다. 유대인에 대해 특별히 관심이 있었기 때문이 아니다. 전쟁이 끝나고 한참 뒤에도, 중유럽 각국의 난민 수용소에는 유대인이 적어도 25만 명 머무르고 있었다. 영국과 미국 입장에서는 어쨌든 유대인의 미래를 결정해야 했다. 홀로코스트의 생존자 다수가 이제 유럽에는 돌아갈 집이 없었다.

6. 나크바로 가는 길, 1945-1947

영국 위임 통치는 1948년 종료된다. 전쟁이 끝나고 영국인들이 철수하기까지 3년 동안, 우리는 팔레스타인인들에게는 결국 나크바(Nakba)라고 알려진 재앙이 벌어지고 이스라엘 국가 수립으로 이어지는, 세 가지 동시적 과정을 확인할 수 있다.

첫번째는 팔레스타인인과 시온주의 정착민 사이 충돌을 종식시키려 한 외교적 노력의 실패다. 두번째는 현지 상황에 유의미한 영향을 미치고자 한 아랍 세계 시도의 부적절함이다. 세번째는 시온주의 세력이 팔레스타인 종족 청소를 최종적으로 준비했다는 사실이다. 이런 준비는 1948년 영국인들이 철수하자마자 곧바로 행동으로 이어진다.

외교적 노력, 1945-1947

제2차세계대전이 종결된 직후에 영국은 여전히 양쪽이 더불어 살 수 있는 해법을 찾을 수 있으리라 기대했다. 이를 위해서 영국 정부는 미국에 협조를 요청해서, 1945년 11월 영미 위원회(Anglo-American Committee)를 새로 구성했다. 위임 통치를 끝내기 전에 분쟁을 해결하기 위해, 마지막으로 국제적 노력을 기울이는 임무를 띤 위원회였다. 위원회는 1946년 초 팔레스타인에 도착했고, 그해 4월에 보고서를 작성했다.

보고서는 일종의 사회 경제적 조사로서 성공을 거두었다. 팔레스타인 위임 통치령의 인구, 경제, 교육, 정치에 관한 꼼꼼한 정보를 제공한 것이다. 학자들은 오늘날까지도 이 보고서를 자원으로 활용한다. 하지만 실질적 해법을 찾는다는 면에서, 보고서는 양쪽이 전에 수십 차례 들어본 적 있는 내용 외에 아무것도 제시하지 못했다. 유대 국가를 권고하지 않았고 팔레스타인 독립 국가를 권고하지도 않았으며, 팔레스타인 위임 통치령에 영국인들이 계속 머무르면서 아랍과 유대 양쪽 고립 지대를 감독하자고 제안했다. 양쪽 모두 곧바로 이 발상을 거부했다. 새로운 국제 질서의 토대로 여겨지는 민주적인 권리를 자기들만 부정당한다고 판단했기 때문이다.

1947년 초에 이르러, 영국은 팔레스타인에 질린 상태였다. 마침내 영국인들은 밸푸어 선언에서 유대인들에게 한 약속, 즉 '유대인의 민족적 조국'을 세워준다는 약속에 대해 팔레스타인의 동의를 얻을 수 없음을 분명히 깨닫기 시작했다. 더욱이 이제 시온주의 운동이 '유대인의 민족적 조국'으로 의도하는 목표는 팔레스타인인의 민족 독립 확대와 화해가 불가능했다. 영국의 전후 경제는 전격전 이후 막대한 예산을 들여 주택을 제공하려는 재건 시도와 혹독한 겨울의 무게를 견디지 못하고 삐걱거렸다. 더군다나 클레멘트 애틀리(Clement Attlee)가 이끄는 노동당 정부는 이제 대영제국이 값비싼 골칫거리이며 상당 부분을 털어내야 한다고 결정한 상태였다. 한편 제2차세계대전을 거치면서 급진화한 시온주의 운동은 영국이 꾸물거리도록 내버려두지 않았다. 전투적인 시온주의 단체들은 영국인들을 밀어내기 위해 테러 공격을 벌였다. 1946년 7월, 시온주의 지하 단체인 이르군(Irgun)이 예루살렘의 킹 데이비드 호텔에 사리한 영국 위임 통치령 중앙 본부를 폭파해서 91명을 살해했다. 시온주의 반란자들은 종종 영국 병사들을 납치해서 살해했다.

끝이 보이지 않는 가운데, 1947년 2월 1일 영국은 팔레스타인의 미래를 유엔에 회부했다. 당시 유엔은 창설된 지 2년도 되지 않은 상태로, 팔레스타인 상황처럼 수십 년 동안 이어진 분쟁을 다뤄본 경험이 전혀 없었다.

더욱이 식민화한 세계의 대부분이 아직 유엔에 대표를 보내지 않았다. 탈식민화의 가장 큰 물결이 아직 등장하지 않았기 때문이다. 유엔은 대부분의 쟁점에서 양대 초강대국 미국과 소련의 외교적 전장으로 전락했다. 하지만 팔레스타인 문제에 관해, 두 초강대국 진영이 최후의 결판을 벌이리라는 기대는 이내 실망을 겪게 된다. 미소 양국은 팔레스타인 상황을 조사하기 위한 위원회에 참여하지 않았다. 1947년 5월, 유엔은 '중립적인' 11개 회원국에서 2명씩 대표를 임명해서, 이른바 '팔레스타인 문제'에 관한 해법을 찾고자 했다.

그렇게 유엔 팔레스타인 특별위원회(UN Special Committee on Palestine, UNSCOP)가 구성되었다. 위원회는 6월 팔레스타인에 도착해서 여러 차례 공청회를 연 뒤, 1947년 9월 분할을 권고하는 최종 보고서를 제출했다. 아랍 고등 위원회로 대표되는 팔레스타인 정치 지도부는 위원회의 절차를 보이콧했다. 그들은 이웃 아랍 나라들이 각자 위임 통치가 끝나면서 완전한 독립을 얻었듯이, 팔레스타인도 똑같은 절차를 거치게 해달라고 요구했다. 팔레스타인인들은 자신들의 독립 권리를 교섭의 대상으로 간주하는 절차를 정당화하기 거부했다. 그리고 자신들의 상황을 알제리와 비교하면서, 알제리인들이 과연 장래에 프랑스 정착민들과 자기 나라에 대한 권리를 교섭하는 데 동의할 것인지 유엔에 질문을 던졌다.

이 시점에는 팔레스타인의 지각 있는 정치인과 지식인들이 시온주의 지도부가 실제로 원하는 목표를 눈치챈 상태였다. 팔레스타인의 최대한 많은 지역에서 팔레스타인인의 숫자를 최대한 줄이자는 목표 말이다. 그들은 시온주의자들이 자체적으로 세운 계획이 분쟁 해결을 가로막는 장애물로 유엔 회의장에서 진지하게 논의되지 않는 현실에 좌절했다. 궁극적으로 외교적 노력은 실패로 끝났다. 팔레스타인을 예외적 사례로 다뤄야 하는 정당한 이유를 누구도 제시할 수 없었기 때문이다. 유엔 헌장에서 자랑스럽게 내세우는 '모든 민족의 동등한 자결권' 원칙이 적용되지 않는 장소로 만들려는 시도는 애초부터 무리였다.

아랍 세계와 팔레스타인, 1945-1947

아랍 세계는 유엔 팔레스타인 특별위원회의 제안을 거부한 팔레스타인을 지지하면서, 1945년 창립된 신생 기구인 아랍 연맹(Arab League)의 입장을 통해 연대의 목소리를 높였다. 트란스요르단 한 나라만 다른 태도를 보였다. 이런 사정은 팔레스타인 역사의 경로에 상당한 영향을 미치게 된다. 요르단이 왜 만장일치의 아랍 입장에서 이탈했는지 이해하려면, 시간을 거슬러서 요르단 국가의 창건을 되돌아볼 필요가 있다.

트란스요르단은 1921년 영국의 보호령으로 수립되었다. 전에는 팔레스타인처럼 이곳도 오스만제국의 일부였다. 1918년 영국이 트란스요르단을 점령했을 때, 처음에는 이 지역을 팔레스타인 위임 통치령에 통합한다는 계획을 세웠다.

하지만 이후 이슬람에서 가장 신성한 도시인 메카와 메디나를 포함한 지역 헤자즈에서 전개된 상황 때문에 트란스요르단의 상황도 복잡해졌다. 제1차세계대전 중에 현지 왕조인 하심가는 헤자즈가 자신들이 통치하는 독립 왕국이라고 선포했다. 영국은 하심 왕가와 동맹을 맺었다. 하심가가 오스만제국에 맞서 싸우는 대가로 영국은 독립 국가를 인정해주겠다고 약속했다. 더 나아가 영국은 하심가가 후에 시리아와 이라크가 되는 지역에 새로운 왕가를 세울 수 있다고도 약속해주었다. 메카의 샤리프이자 헤자즈의 왕인 후세인 빈 알리의 후계자들이 이끄는 왕가였다.

하지만 이런 약속들 가운데 어느 것도 지키기 쉽지 않았다. 아라비아반도에서 영국인들은 또한 하심가 최대의 경쟁자인 사우드 가문을 지지한 바 있었다. 따라서 영국은 사우드가가 하심가를 상대로 전쟁을 벌여, 1924년 헤자즈를 점령하고 이를 사우디아라비아의 핵심적 일부로 삼았을 때, 개입하지 않았다.

원래 영국인들은 샤리프 후세인의 장남 압둘라에게 이라크 왕국을 세워주겠다고 약속하고, 동생 파이살에게는 시리아 왕국을 주겠다고 장담했다. 하지민 영국은 사이크스-

피코 협정(Sykes-Picot Agreement)을 통해 시리아를 프랑스가 통제한다는 데 동의한 바 있었기 때문에, 자신들이 내주고 말고 할 게 없었다. (여러 다른 당사자들에게 모순되는 약속을 하는 행태는 영국 대외 관계를 관통하는 주제 선율과도 같다.)

두 아들은 스스로 행동에 나서기로 결정하고, 지역의 지도를 바꾸었다. 파이살은 영국과 하심가 사이의 동맹을 이룬 전설적 영국인 아라비아의 로런스에게 도움을 받아, 1920년까지 동지중해 지역에 프랑스 군대가 주둔하지 않는다는 사실을 한껏 활용했다. 1918년 다마스쿠스에 입성한 그는 이 도시만이 아니라 대시리아라고 지칭한 지역, 즉 오늘날의 레바논, 요르단, 시리아, 이스라엘, 팔레스타인 지역의 새로운 통치자를 자처했다. 파이살은 국제 사회의 공식적 인정을 받지 못한 채 2년 가까이 버티다가, 1920년 7월 프랑스군에 항복할 수밖에 없었다.

영국인들은 1921년, 파이살을 이라크 국왕으로 세우면서 달래려 했다. 형 압둘라에게는 어떤 왕위도 주지 않았다. 압둘라는 1920년에 2만 명을 거느리고 헤자즈에서 나왔는데, 프랑스로부터 시리아를 '해방'시키기 위해서였다. 압둘라의 부대는 트란스요르단의 암만에 주둔했다.

압둘라가 그곳에서 기다리면서 시리아를 점령하려고 위협하는 동안, 영국은 1921년 5월 카이로 회담에서 자신이 지배하게 된 아랍 세계의 지역을 개편했다. 이 회담은 당시 영국 식민지 장관이던 윈스턴 처칠이 주도했다. 처칠은 트란스요르단을 압둘라에게 새로운 왕국으로 주자고 제안했다. 트란스요르단은 요르단이 되었고, 이제 팔레스타인 위임 통치령에서 떨어져 나온 독립 국가였다.

제에브 야보틴스키가 이끄는 시온주의 운동의 우파는 이런 영토 상실을 받아들이지 않았고, 트란스요르단을 미래 유대 국가의 일부로 여겼다. 오늘날에도 야보틴스키 단체에서 이어져 내려오는 우파 시온주의 청년 운동인 베이타르(Beitar)의 깃발에는 요르단 땅이 이스라엘의 일부로 그려져 있다.

하지만 당시 시온주의 운동 전반을 지배하던 노동당 시온주의자들은 하심가의 트란스요르단 지배를 환영했다. 압둘라는 위임 통치령 시기에, 처음부터 사실상 유대인 공동체를 위한 시온주의 행정부였던 유대인 기구와 긴밀하게 접촉했다. 그는 상대적으로 메마른 땅으로 이루어진 자신의 왕국을 팽창시키기 원했고, 팔레스타인 위임 통치령의 비옥한 토지에 눈독을 들였다. 그는 유대인 기구뿐 아니라 후세인 가문보다 온건한 파벌이자 팔레스타인 지도부의 실용주의적 축을 담당하는 나샤시비 가문과도 효과적인 관계를 발전시켰다.

다시 1947년으로 돌아가보자. 유엔 팔레스타인 특별위원회가 창설되어 숙의를 시작할 무렵, 유대인 기구와 압둘라의 관계는 한층 실용적인 단계에 다다른 상태였다. 양쪽 모두 트란스요르단이 팔레스타인에서 유대 국가 수립에 암묵적으로 동의하는 대가로 팔레스타인 위임 통치령의 일부 지역으로 팽창할 수 있다는 데 뜻을 모았다. 압둘라가 유엔 팔레스타인 특별위원회와 기꺼이 만나려 한 유일한 아랍 지도자였던 것은 이런 이유 때문이다.

아랍 연맹의 다른 성원들은 이런 비밀 합의를 전혀 낌새채지 못했다. 아랍 연맹은 민주주의와 자결의 원칙에 근거한 팔레스타인 대책을 채택하도록 유엔에 계속 압력을 가하려고 했다. 유엔이 분할에 찬성하고 나선 뒤, 아랍 연맹은 지원군인 아랍 해방군을 구성하기 시작했고, 외교적 노력이 모두 수포로 돌아가면 팔레스타인 위임 통치령에서 군사 작전을 벌이는 방안을 검토했다.

시온주의의 여러 전략, 1945-1947

팔레스타인인들이 국제적 정당성을 확보하는 데 노력을 집중한 것과 달리, 시온주의 운동은 위임 통치의 종료를 현지에서 신속하게 지배권을 확립할 기회로 보았다.

시온주의 운동은 1942년 이래 줄곧 위임 통치 종식을 요구했다. 그들로서는 영국인들이 하루빨리 떠나는 게 최선이었다. 1945년에서 1947년 사이 기간 내내, 그들은 나라 전체의 행정을 넘겨받기 위한 토대를 닦았다.

팔레스타인 지도부는 꽤 순진하게도, 자신들이 토착 인구이고 다수파이기 때문에 유엔이 분명 팔레스타인을 팔레스타인인을 위한 국가로 만들 것이라고 믿었다. 반면 시온주의 지도자들은 말보다 행동이 중요하다고 믿었다. 그들은 시온주의자들이 먼저 무력으로 차지하기만 하면, 팔레스타인인들이 되찾으려 해도 국제 사회가 돕지 않으리라고 정확하게 계산했다. 따라서 그들은 영국군이 철수하는 즉시 핵심적인 전략 거점을 전부 정복하기로 계획했다. 라디오, 우체국, 통신 시설, 철도, 영공, 대중교통, 은행 그리고 물론 토지까지.

시온주의 지도자들은 2년여 동안 군사력 증강에 집중하면서, 해외에서 무기를 확보하고 팔레스타인에 사는 유대인 젊은이 남녀 전부를 대상으로 하는 징병제를 고안했다. 영국인들은 준군사 단체에서 사실상 아직 존재하지 않는 국가의 정규군으로 변모한 하가나가 중동에서 두번째로 강한 군대라고 평가했다. 아직 난민 수용소에 발이 묶여 있던, 유럽 홀로코스트 생존자들 대다수도 시온주의 군사 조직에 선발되었다. 시온주의 군대에 합류하는 과정은 미국행 비자를 받는 것보다 훨씬 순조로웠다.

1947년 말에 이르러, 세계의 이목이 뉴욕에 쏠렸다. 유엔이 마침내 팔레스타인의 미래에 관한 최종 결정을 내릴 참이었다. 11월 29일, 유엔 총회는 결의안 181호를 표결로 통과시켰다. 오늘날 국제법에서 악명을 떨치는 결의안이다. 유엔은 팔레스타인 분할에 찬성한다고 선언했다. 시온주의자들은 축하의 환호성을 울렸고, 이스라엘은 지금도 이 결의안을 찬양한다. 마침내 약속받은 유대 국가를 얻어낸 것이었다. 팔레스타인인들에게 이날은 나크바가 시작된 날이자, 우리 시대에도 여전히 겪고 있는 재앙에 대한 경고 사격이 울린 날이다.

7. 분할 결의안과 그 여파

분할 결의안이 현지에 미친 영향을 살펴보기에 앞서, 유엔에서 당혹스럽게 벌어진 지정학적 공작을 좀더 자세히 검토할 필요가 있다. 11개 회원국으로 구성된 유엔 팔레스타인 특별위원회는 사실 팔레스타인을 어떻게 처리할 것인가에 관해 합의된 입장에 도달할 수 없었다. 위원회는 두 가지 제안, 소수안과 다수안을 내놓았다.

소수안은 팔레스타인에 두 민족 연방 국가를 세워 아랍 나라와 유대 나라로 나누고, 유대 나라에 유대인 이민을 허용하라고 권고했다. 연방 정부는 아랍 국가와 유대 국가 전체에서 모든 성인 시민이 투표로 선출하자는 제안이었다. 유엔 팔레스타인 특별위원회에서 이 안을 지지한 나라는 인도와 이란, 유고슬라비아뿐이었다. 다수는 팔레스타인을 두 국가로 분할하는 의견을 지지했다.

다수안은 팔레스타인의 56퍼센트와 43퍼센트를 각각 유대 국가와 팔레스타인 국가에 할당했는데, 전기, 항만, 인산염 같은 유엔의 중요한 양해 사항이 대부분 전자의 영토에 들어가 있었다. 예루살렘과 주변 지역은 분할체(corpus separatum), 즉 국제적 중립 지대로 통치될 계획이었다. 유대 국가에서는 유대인과 아랍인이 거의 동수로 구성되고, 아랍 국가에서는 팔레스타인인이 절대다수를 차지할 터였다. 두 공동체 모두 어디에 투표하고 어느 국가에 시민으로 속할지를 결정할 수 있었다. 두 국가는 공동의 화폐와 경제를 유지하고, 이민 정책에도 공동으로 합의할 예정이었다.

1947년 11월 29일, 유엔 총회는 다수안에 대해서만 표결을 했는데, 전체 회원국이 참여하는 임시 위원회가 토론을 거쳐 내용을 약간 수정한 뒤였다. 결국 33개국이 분할에 찬성표를 던지고, 13개국은 반대, 10개국은 기권했다. 시온주의 운동은 간신히 3분의 2의 찬성을 얻을 수 있었다. 거의 실패할 뻔했다.

당시 57개국으로 구성된 유엔은 여전히 유럽의 제국 열강들과 미국, 소련이 지배했지만, 라이베리아나 아이티처럼 식민 지배의 잔인성을 너무나 생생히 기억하는 회원국도 있었다. 투표는 원래 11월 26일 진행될 예정이었지만, 시온주의 운동은 필요한 표를 확보하지 못할까 봐 걱정했다. 그리하여 모종의 외교적 논쟁을 통해 투표가 11월 29일까지 연기되었다. 미국의 시온주의 압력 집단은 입장이 분명하지 않은 국가들이 분할 찬성표를 던지도록 압박하라고 미국 정부에 촉구했다. 분할안이 표결을 통과하면 유대 국가를 국제적으로 인정받을 수 있기 때문에, 핵심적 이정표가 될 터였다. 이 시점에 이르면 이미 기본적으로 친시온주의 입장이던 미국 정부는 기꺼이 압력에 순응했고, 망설이는 국가들에게 국가 발전을 위한 자금을 지원하겠다고 약속하거나 이미 결정된 자금 지원을 철회하겠다고 윽박질렀다. 부자 나라들이 외교에서 흔히 구사하는 고전적인 당근과 채찍 전술이다.

결의안 181호는 또한 이듬해를 위한 시간표를 제안했다. 영국 위임 통치의 종료 일자를 1948년 5월 14일로 정했다. 그때까지 영국은 여전히 법질서를 책임질 터였고, 새로 구성된 유엔 팔레스타인 위원회가 분할안 실행을 지원하기로 했다.

미국과 소련은 경쟁하는 강대국이었지만, 분할안을 지지

하기 위해 뜻을 모았다. 소련은 수십 년 동안 확고한 반유대주의를 공산주의의 핵심으로 삼아온 입장을 뒤집고, 일찍이 1947년 5월부터 분할 가능성에 찬성하고 나섰다. 아랍 국가들은 소련이 자신들의 편을 들 것이라고 확신했지만, 스탈린은 시온주의를 중동에서 영국의 영향력을 약화하는 수단으로 보았고, 소련과 폴란드의 유대인이 난민 수용소로 대거 이주하도록 재촉했다. 최종 목적지는 팔레스타인이었다.

미국에서는 미국 대통령이 분할안을 지지하도록 확신에 찬 시온주의 압력 활동이 우격다짐을 벌였고, 다른 이들도 이를 지지하도록 설득했다. 미국 국무부와 중동 전문가들은 이렇게 시온주의를 받아들이면 중동 지역에서 미국의 다른 이익에 해가 된다고 우려하며 회의적인 태도를 보였지만, 아무 소용이 없었다.

한편 영국 정부는 '무프티 국가'라는 멸칭으로 부르는 팔레스타인 아랍 국가가 등장할 가능성에 열광하지 않았다. 1936년 아랍 대항쟁 이래 무프티 하지 아민 알후세이니는 아랍 세계에서 영국의 철천지원수였다. 하지 아민을 비롯해 항쟁 이후 도망친 많은 팔레스타인 지도자들은 팔레스타인에 돌아오도록 용인되지 않았지만, 그는 여전히 카이로의 망명지에서 팔레스타인 민족 운동을 진두지휘하는 듯 보였다. 영국은 그가 미래 팔레스타인 국가의 지도자가 되어 중동 지역에서 영국의 이익에 거스르는 행동을 할 것이라고 믿었다.

이런 전망을 피하기 위해, 영국은 트란스요르단의 압둘라 국왕에게 유엔 분할안에서 제안한 팔레스타인 영토의 일부를 왕국으로 병합하게끔 제안함으로써 그의 입지를 강화하는 방식을 택했다. 그러면서 팔레스타인의 시온주의 지도부와 유대를 굳건히 하라고 독려했다. 압둘라 국왕이 시온주의 지도부와 비공식적 합의에 도달한 것도 영국이 인지하고 암묵적으로 동의하면서 이루어낸 결과였다. 팔레스타인 아랍 영토의 일부를 트란스요르단에 병합하게 해주면, 아랍 연맹의 분할 반대에서는 손을 떼기 위해 최선을 다하기로 합의한 것이다.

시온주의자들 입장에서는 반가운 제안이었다. 1947년 당시 무력으로 팔레스타인을 차지하려고 들면, 아랍 세계가 만만치 않은 군사적 대응에 나설 수 있음이 분명했다. 시온주의 지도부로서는 처음부터 아랍의 군사적 시도를 훼

손할 수단이 필요했다. 요르단 국군인 아랍 군단은 아랍 세계에서 가장 유능한, 제2차세계대전 당시 영국-이라크 전쟁에서 싸운 유일한 군대였다. 참모 총장 존 바고트 글러브 경에 이르기까지 고위 장교들은 전부 영국인이었다. 이 군대를 중립화하거나 참전을 제한하기만 해도, 시온주의자들이 팔레스타인을 유대 국가로 전환하는 과정이 한결 쉬울 터였다.

국제 사회의 무사안일한 태도, 유엔에서 한목소리로 시온주의 대의를 지지한 기묘한 동맹, 유대 국가를 사실상 기정사실로 다룬 방식 등을 보면, 이후 현지에서 나타난 반응을 설명하는 데 도움이 된다. 유대인 정착민들은 분할안이 이론상 자신들이 바라던 목표에 턱없이 미치지 못했지만, 그래도 이 소식에 환호했다. 무엇보다 최고 국제기구가 유대 국가 창설을 권고했다는 점이 중요했다. 한편 팔레스타인인들은 메시지를 분명하게 들었다. 자신들에게는 자결권이 적용되지 않는다는 뜻이었다. 팔레스타인인들은 거리로 몰려나와 결의안에 항의했는데, 몇몇 곳에서는 시위가 폭력 사태로 비화했다. 하지만 며칠 뒤 불안한 고요가 분위기를 압도했다. 팔레스타인인과 시온주의자 모두에게 대재앙을 준비하는 시기였다. 시온주의자들이 무장을 갖추고 있음을 간파한 팔레스타인 정치인들은 현지에서 여전히 자신들의 존재가 위협받는다고 느꼈다. 시온주의 준군사 조직 이르군은 영국인들을 표적으로 삼았을 뿐만 아니라, 아랍 마을도 공격했다. 공포를 조장해서 팔레스타인 아랍인들이 떠나도록 부추기려는 의도였다. 팔레스타인인들은 공동체를 방어하기 위해 준군사 단체를 조직하려 했지만, 그들이 가진 무기는 조악한 수준이었고 무기를 사용한 경험이 있는 이는 훨씬 적었다. 군사 조직에 실제로 재능이 있는 사람은 이미 1936년 항쟁 당시 살해되거나 투옥된 상태였다. 팔레스타인 지도부는 아랍 연맹의 지원군이 더 많은 보호를 제공하리라 기대했지만, 이런 희망은 꺾이게 된다.

결국 팔레스타인 젊은이들은 소규모 준군사 조직 두 개를 결성했는데, 팔레스타인에 가까스로 들어온 지원병 몇백 명의 도움을 받았다. 그들 대부분은 아랍 연맹이 새로 설립한 아랍 해방군 아래 조직됐는데, 지휘관인 파우지 알카우크지(Fawzi al-Qawuqji)는 아랍 항쟁에서 경험을 쌓은 이라크 장교였다.

하지만 아랍 연맹은 1948년 5월 14일로 예정된 영국 위임 통치 종료 시점 전에 정규군을 보내지 않기로 결정했다. 팔레스타인 쪽 군대 진영은 시온주의의 준군사 조직들인 하가나와 이르군, 스턴갱(Stern Gang)의 맞수가 되지 못했다. 이 집단들은 장비도 뛰어나고 영국군 복무 경험이 있으며, 결정적으로 인원이 최소한 10배였다. 법의 지배와 정의, 모든 나라의 동등한 권리를 약속하는 헌장에 서명한 국제 사회는 이미 재앙으로 가는 길을 열어놓았다. 모두를 아우르는 거대한 규모의 재앙은 아랍어 '나크바'의 정의 자체가 되었다.

8. 팔레스타인 종족 청소

영국인들이 철수하는 시기가 정해지고 유엔이 분할을 충돌의 '해법'으로 지지하자마자, 시온주의 지도부는 다음 단계를 계획하기 시작했다. 팔레스타인 유대인 공동체의 지도자인 다비드 벤-구리온을 중심으로 모인 소수의 대단히 은밀한 집단은 유대 국가로 지정된 영역—팔레스타인인이 인구의 절반 가까이를 차지하는 영역—에서 지배권을 확립할 방도를 짜기 시작했다.

팔레스타인인과 아랍 세계가 분할을 거부하리라는 사실은 유엔이 결의안을 표결로 통과시킨 순간부터 분명했다. 전쟁을 예견한 벤-구리온과 협력자들은 시온주의가 승리하리라고 예상하면서, 팔레스타인 아랍 국가에 할당된 영토를 장악하는 방안도 적극적으로 검토했다.

1947년 2월에서 1948년 2월 사이에, 이 집단은 자신들의 계획이 성공하리라 확신하면서 세력을 규합하며 시기를 기다렸다. 시온주의자들이 상상하는 유대 국가에서 숫자로나 순전한 힘으로나 유대인의 우위를 확보하기 위한 두 단계가 있었다. 첫번째 단계에서 시온주의자들은 분할안에 대한 팔레스타인의 분노를 활용했다. 팔레스타인인들이 유대인 정착촌을 공격하자 시온주의자들은 집단 처벌로 대응했다. 그들은 팔레스타인 쪽의 폭력을 구실로 삼아 미래 유대 국가의 팔레스타인 아랍 지역을 일소하기 시작했다. 다시 말해 종족 청소를 시작한 것이다. 1948년 2월, 이런 식의 작전 가운데 가장 뻔뻔한 사례가 벌어졌다. 고대 로마 도시 카이사레아 주변의 세 마을에서 벌어진 사태였다. 이 마을들은 너무도 폭력적이고 강제적인 청소 작전을 당해서, 건물이 거의 남아나지 않았다. 한때 번성한 지역이었음을 보여주는 흔적을 찾기가 거의 불가능하다. 아랍 마을 사람들은 목숨을 부지하려면 무리를 지어 떠날 수밖에 없었다. 이 모든 일이 영국인들이 법질서를 수호하는 책임을 맡았을 때 벌어졌다.

1948년의 첫 두 달간, 이런 종족 청소 실험은 제한적으로 이루어졌다. 시온주의 세력은 비록 논리적으로 맞지는 않아도 언제나 이를 팔레스타인 쪽이 유대인 정착촌과 기반 시설을 공격했기에 응분의 보복을 한 것이라고 정당화했다. 하지만 1948년 2월 말에 이르면, 시온주의의 전술이 바뀌고 있음이 분명했다. 이제 시온주의 세력은 굳이 자위 행동이나 팔레스타인의 공격에 대한 대응이라는 구실도 대지 않은 채, 대규모 추방 작전을 실행했다.

시온주의 활동이 격렬해지자, 오래전부터 시온주의 식민화를 회의적으로 바라보던 미국 국무부가 관심을 기울였다. 유엔 분할안은 이제 더는 평화로 나아가는 경로로 타당해 보이지 않았다. 폭력을 부추기는 처방임이 입증되었기 때문이다. 다시 거슬러올라가서, 합의를 이루기 위한 다른 해법을 찾아낼 시간을 벌려고 시도하던 1948년 3월 19일, 미국 유엔 대표 워런 오스틴(Warren Austin)은 팔레스타인을 5년간 국제 신탁 통치 아래 두자는 안을 내놓았다. 트루먼 대통령이 이제 시온주의 운동의 준원로 정치인이 된 하임 바이츠만을 만나, 분할을 지지하는 미국의 입장을 다짐한 바로 다음날이었다.

예상대로 시온주의 운동은 격분했다. 그들은 곧바로 미국에서 가공할 만한 압력 집단을 동원했다. 선거가 치러지는 해라는 사실이 압력 활동에 도움이 되었다. 대단히 공세적인 캠페인이 벌어져 곧바로 결실을 맺었다. 불과 몇 주만에 미국 행정부는 신탁 통치에 찬성하는 몸짓을 서둘러 거둬들이고, 예전처럼 분할안에 대한 지지에 몰두했다.

플랜D

미국이 분할에 관해 주저를 표명하는 동안, 팔레스타인의 시온주의 지도부는 현지에서 입지를 강화하면서 성큼성큼 나아갔다. 앞질러 나가서 유대 국가를 건설하면, 국제 사회가 아무리 반대를 해도 소용이 없으리라는 판단을 내렸기 때문이다.

1948년 3월 10일, 다비드 벤-구리온을 비롯, 하가나의 정보 부대에 속한 소수의 군 장성들이 플랜 달렛(Plan Dalet), 또는 플랜D라고 역사에 기록되는 계획안을 작성했다. 이름이 함축하는 것처럼, 네번째로 만들어진 계획이었다. 하지만 바로 이 계획이 실행되었고, 파괴적인 결과를 낳게 된다.

플랜D는 현지의 부대에 직접 명령으로 하달되었다. 그 목표는 간단했다. 유대인이 다수인 국가를 만들기 위해 최대한 많은 팔레스타인인을 팔레스타인에서 제거하는 것이었다. 어떤 방법을 쓴 걸까? 각 마을과 동네를 세 방향에서 에워싼 뒤, 주민들을 쫓아내거나 공포에 질려 스스로 도망치도록 한 방향을 열어두는 식이었다. 그러고 나면 마을을 파괴해 잔해만 남은 공터로 만들었고, 아무도 돌아오지 못하도록 잔해에 폭발물을 심어두었다. 그 모든 팔레스타인인들은 어디로 가는 걸까? 계획은 이 점을 분명히 했다. 나라의 경계선을 벗어나야 했다.

시온주의 정치 지도부가 승인한 종합적인 플랜D에 따르면 팔레스타인인은 무조건 항복해야만 이런 대우를 피할 수 있었다. 하지만 전략적 장소에서는 무조건 항복해도 소용없었다. 또한 각급 부대에 실제로 내려진 지시는 이런 미묘한 세부 사항을 거의 고려하지 않았다. 현장의 부대들이 한 행동을 살펴보면, 시온주의자들이 탐낸 팔레스타인 마을과 동네는 애초부터 종족 청소를 당할 운명이었음이 분명하다.

각급 부대에 내려진 명령에서 우리는 어떤 방법이 활용

됐는지에 관한 참혹한 세부 사항을 발견한다. 남자들, 간혹 열 살짜리까지 포함되지만 대개 18세에서 48세 사이의 남자들은 죽이거나 체포하라는 언급이 있었다.

공식적인 명령서에서는 증거가 드러나지 않지만, 이제 우리는 이 과정이 한층 더 표적을 분명히 했음을 안다. 1940년대에 하가나의 정보 부대는 팔레스타인의 모든 마을에 관한 자료철을 준비했다. 여기에는 마을의 내부적 관계와 정치적 지향, 과실수의 수효에 이르기까지 마을이 보유한 자산에 대한 대단히 자세한 정보가 담겨 있었다. 그리고 각 문서철에는 1936년 아랍 항쟁에 참가한 사람의 명단이 포함되었다. 이 사람들이 1948년에 살아 있다면, 체포되거나 현장에서 처형될 것이었다.

3월과 4월, 5월 초에 시온주의 세력은 팔레스타인의 도시 중심지를 표적으로 삼았다. 결국 이곳들은 완전히 파괴되었다. 오늘날 우리로서는 이를 도시 파괴(urbicide)라고 규정할 수 있을 뿐이다. 그 시기에 팔레스타인 주민들은 하이파, 비산, 야파, 아크레, 티베리아스, 사페드뿐만 아니라, 인접 마을들에서도 쫓겨났다. 많은 경우에 마을에서 학살이 벌어지기 전에, 도시에서 군사 작전이 진행되었다. 시온주의 세력은 이 작전을 통해 도주를 가속화하고 저항을 약화하기 기대했다. 이런 전술을 구사한 가장 악명 높은 사례는 1948년 4월, 서예루살렘과 이웃한 마을 39개에서 벌어진 청소 작전이다. 1948년 4월 9일, 우익 준군사 집단인 이르군과 스턴갱이 데이르 야신 마을을 습격해서 집집마다 돌아다니며 주민들을 죽였다. 여자와 어린아이라고 봐주는 일은 없었다. 마을 사람 1백여 명이 목숨을 잃었다. 팔레스타인인들은 이 메시지를 알아들었고, 주변 지역에 사는 많은 이들이 도망쳤다. 진군하는 유대 세력이 자기네 마을과 동네에서도 똑같은 일을 벌이리라 우려했기 때문이다. 하가나를 선봉으로, 이런 준군사 집단의 다수 성원들이 독립 이후 이스라엘군에 편입된다.

아랍 세계의 대응

위임 통치가 공식적으로 종료되었을 때, 팔레스타인인 약 25만 명이 이미 난민 신세였고, 그중 일부는 이웃한 아랍 나라들로 몰려갔다. 이런 난민의 흐름은 아랍 각국 정부에 팔레스타인을 위해 행동에 나서라는 압력으로 작용했다. 그때까지 아랍 세계는 팔레스타인인들에게 외교적 지원을 해주었고, 지원병들이 팔레스타인에 들어가서 시온주의 세력에 맞서 팔레스타인인들과 함께 싸우도록 허용했다. 하지만 소규모 지원병 무리는 탄탄한 조직력과 풍부한 자금력을 갖춘데다가 수년 동안 이런 사태를 대비해 훈련을 받은 군대의 상대가 되지 않았다.

아랍 각국은 1948년 5월 14일, 그러니까 위임 통치가 공식 종료되는 시점까지 기다렸다가 종족 청소 작전을 중단시키기 위해 병력을 보냈다. 그 무렵이면 모든 게 너무 부족하고 이미 늦은 상태였다. 왜 그렇게 된 걸까? 직설적으로 말하자면, 레바논이나 시리아 같은 아랍 정부들은 불과 몇 년 전에 독립을 이룬 탓에, 팔레스타인에 대규모 군대를 파병하기 위한 열의를 일으키기가 쉽지 않았다. 내부의 권력 투쟁을 처리하는 것도 힘에 겨운 상황이었기 때문이다.

가장 많은 군대를 보낸 나라는 이집트였지만, 전문적인 군대는 아니었다. 병력 절반이 무슬림 형제단의 지원병이었는데, 그들은 팔레스타인의 대의를 폭넓은 반제국주의 투쟁의 일부로 보았다. 이집트 정부는 군사 작전 참여를 아예 피하고 싶어했다. 그래서 위임 통치가 종료되기 이틀 전에야 병력 배치를 승인했을 뿐이다. 이집트군은 훈련과 장비 모두 부족했다.

가장 전문적인 아랍 군대는 요르단의 아랍 군단이었다. 하지만 앞서 살펴보았듯이, 요르단 정부는 시온주의 지도부와 막후 합의를 맺었다. 1948년 5월 14일이 다가오면서 비밀 합의의 주요 내용이 분명해졌다. 요르단은 싸우지 않고서 오늘날 우리가 아는 요르단강 서안을 병합할 예정이었다. 하지만 양쪽은 예루살렘과 주변 지역의 운명에 관해서는 합의에 이르지 못했기 때문에, 아랍 군단은 이 도시를 위해 싸웠다. 그곳에서 요르단 군대가 보인 용맹은 다른 곳에서 팔레스타인 마을이 파괴되는 모습을 구경꾼처럼 지켜본 그들의 태도와는 극명한 대조를 이룬다.

압둘라 국왕은 이스라엘과 한 합의와 팔레스타인을 구하려는 아랍 연맹의 노력에 참여하겠다는 약속 사이에서 아슬아슬한 줄타기를 해야 했다. 그리하여 압둘라는 이스라엘과 은밀하게 협상을 하는 한편, 아랍의 팔레스타인 군사 작전을 계획하는 데에서 주도적인 역할을 했다. 이런 이중 거래의 결과, 그가 진두지휘하는 아랍 연맹이 작성한 계획과는 달리 요르단 아랍 군단은 팔레스타인의 많은 지역에 진입하지 않았고, 남부에서도 원래 계획대로 이집트군과 힘을 합치지 않았다.

제대로 된 병참 지원이 부족했던 이집트군은 초기에 몇 차례, 고립된 시온주의 정착촌을 점령하는 데 성공한 뒤 진군을 멈췄다. 그나마 이런 성공도 팔레스타인인들에게 실질적인 도움이 되지는 않았다. 정규군과 아랍 해방군의 깃발 아래 모인 지원군 양쪽을 앞세워 아랍 전체가 노력을 기울였지만, 1948년 8월 중순에 이르러 이스라엘이 팔레스타인 대부분 지역을 장악하고 팔레스타인인을 대대적으로 추방하는 것을 막지 못했다.

한편에서 이런 범아랍의 노력이 진행되는 동안, 팔레스타인 종족 청소가 계속되었다. 아랍의 노력이 수그러들면서 종족 청소가 가속화했다. 1948년 말에 이르면, 팔레스타인 아랍 인구의 절반이 쫓겨나고, 5백 개가 넘는 마을이 파괴되며, 소읍과 도시 대부분이 폐허가 된다.

그 폐허 위에 이스라엘은 유대인 정착촌을 건설하고 유럽에서 수입한 소나무를 심었다. 한층 지독하게도, 파괴된 몇몇 마을은 휴양 공원으로 바뀌었다. 이런 식으로 그나마 남아 있는 '아랍'의 흔적이 지워졌다. 시온주의자들의 눈에 비친 유대인의 팔레스타인은 유럽의 팔레스타인이 되어야 했다.

쫓겨난 팔레스타인인들은 어디로 갔을까? 이스라엘은 동부의 팔레스타인인들을 요르단강 서안 점령지와 트란스요르단으로 쫓아낼 수 있었다. 북부에 사는 사람들은 시리아와 레바논으로 밀려났다. 하지만 남부에서는 이집트가 팔레스타인인들을 위한 국경 개방을 거부했다.

전쟁이 끝날 무렵, 이스라엘은 오늘날 우리가 가자 지구라는 너무도 고통스러운 이름으로 부르는 지역을 만드는 식으로 이 문제를 '해결'했다. 역사적 팔레스타인 땅에서 작은 직사각형 모양의 땅을 잘라낸 것이다(전체 면적의 2퍼센트다). 이스라엘이 팔레스타인의 중부와 남부 지역에서 쫓아낸 팔레스타인인 수십만 명을 수용하기 위해 만들어진 곳으로, 당시에 세계 최대의 난민 수용소였다. 지금도 사정은 마찬가지다.

지금은 상상하기 어렵지만, 당시에 가자는 카이로에서 다마스쿠스까지 뻗은 고대 무역로 비아 마리스(Via Maris) 위에 자리한 코스모폴리탄 소도시로서, 세계에서 가장 오래된 기독교도와 유대인 공동체의 본거지였다.

실패한 첫번째 평화 시도, 1948-1949

이스라엘은 전 세계가 지켜보는 가운데 종족 청소를 자행했다. 1948년 5월 초, 유엔은 일찍이 제2차세계대전 말 무렵 독일과 협상을 통해 강제 수용소에서 수감자 약 1만 5천 명을 구해서 환호를 받은 스웨덴 외교관 폴케 베르나도테(Folke Bernadotte) 백작을 중재자로 임명했다. 그는 분할안을 수정해서 최대한 인구 규모에 맞게 바꾸자고 제안했다. 그러면서 아랍 국가에 더 많은 영토를 할당하는 한편, 쫓겨난 팔레스타인인들이 예전의 집으로 돌아갈 수 있게 해달라고 요구했다. 예루살렘은 유엔의 원래 계획대로라면 국제적 중립 지대가 될 터였다. 시온주의 지도부는 유대 국가의 크기를 제한하려는 어떤 제안도 도저히 받아들일 수 없었다. 그런데 백작의 외교관 경력이 돌연 끝났다. 1948년 9월 17일 스턴갱이 그를 암살한 것이다. 이 사건은 전사들이 벌인 테러 행위라고 여겨졌다. 하지만 일부 역사학자들은, 비록 공모의 정도는 확인되지 않았지만, 공식적 시온주의 지도부가 공모했으리라고 의심한다.

백작이 사망한 뒤, 유엔은 다시 한번 어떻게 분쟁을 끝내고 양쪽이 공존할 해법을 찾을 수 있는가 질문을 던졌다. 1948년 12월, 유엔은 압도적 과반수로 결의안 194호를 통과시켰다. 결의안은 난민들의 귀환권과 예루살렘의 국제적 관리, 1947년 분할 결의안에서 제시한 경계선을 기반으로 한 두 국가 해법 교섭 등을 요구했다. 이 결의안을 실행하기 위해 유엔은 팔레스타인 조정위원단(Conciliation Commission for Palestine)을 새롭게 창설했다.

이 위원단의 주요 업적은 1949년 4월 스위스 로잔에서 평화 회의를 소집한 것이다. 이스라엘, 팔레스타인인들, 이집트, 시리아, 레바논, 요르단 등이 참가했다. 이스라엘은 마지못해 끼었다. 여기에 참가하는 것이 유엔의 정식 회원국으로 받아들여지는 선결 조건이었기 때문이다. 오늘날에는 이른바 아랍-이스라엘 충돌에서 영향력이 쇠락하고 있는 미국 국무부 역시, 이스라엘에 참가를 종용하는 거센 압력을 가했다. 5월 11일, 이스라엘은 유엔 정식 회원국이 되었다.

하루 뒤, 회의에 참가한 대표단 전체가 로잔 의정서에 서명했다. 의정서는 모든 참가국이 팔레스타인 난민의 귀환, 1947년 분할안, 예루살렘의 국제화라는 세 가지 원칙을 바탕으로 교섭을 계속하는 데 동의한다고 언명했다.

이스라엘은 다른 모든 나라들이 이해했듯 자국이 의정서의 조항에 동의했다는 주장에 신속하게 반박했다. 이스라엘은 이미 1947년 분할안에서 제시된 대로 경계선을 제한할 마음이 없었다. 미국이 잠시 압력을 가하긴 했지만, 이스라엘은 이를 무사히 넘길 수 있었고 교섭은 중단되었다. 1년 만에 조정위원단은 사실상 해법 모색을 중단했다. 유엔이 실제로 얻은 유일한 성과는 이스라엘의 아랍 이웃 나라들과 일련의 휴전 협정을 중개함으로써 이스라엘의 국경선을 최종적으로 마무리한 것뿐이다.

팔레스타인 종족 청소에 대한 국제 사회의 대응은 결국 이런 식으로 끝났다. 1950년, 새로운 기구가 설립되었다. 유엔 팔레스타인 난민구호기구(United Nations Relief and Works Agency, UNRWA)가 그것이다. 이 기구는 1백만 명 가까운 팔레스타인 난민들이 귀환을 기다리는 동안, 생활을 지원하는 과제를 맡았다. 오늘날 베이루트와 다마스쿠스, 암만

같은 도시의 익숙한 일부로 자리 잡은 난민촌도 이 기구가 지었다. 유엔이 난민의 귀환권을 보장한다고 약속했기에 난민들은 다른 나라의 시민권을 받지 않았고, 자신들을 받아들인 나라에서 새 집을 짓지도 않았다. 고향을 빼앗긴 상황을 받아들이는 듯한 모습을 보이고 싶지 않았다. 어쨌든 레바논 같은 많은 아랍 나라들은 시민권을 받아들이는 선택지를 제공하지도 않았다. 요르단은 시민권을 얻을 기회를 주었지만, 난민 공동체의 절반만이 시민권을 받았다.

팔레스타인인들은 아랍 나라들에서만 난민이 된 게 아니다. 신생 국가 이스라엘에도 많은 난민이 존재했다. 대부분 기존 마을을 파괴하고 유대인 정착촌을 지은 곳 근처에서 난민으로 살았다. 이스라엘은 그들을 난민으로 대우하기를 거부했고, 그 대신 국내 실향민이라고 지칭한다. 이스라엘 국경 안에는 현재 30만 명이 넘는 국내 실향민이 살고 있다. 그들은 이스라엘의 소수 팔레스타인인들이 스스로 지칭하는 '48년 아랍인'과, 국경과 군대, 수십 년의 실향으로 분리된 채 다른 나라에서 흩어져 산 팔레스타인인 사이를 잇는 중요한 연결 고리다.

바로 이 점이 중요하다. 나크바는 단순히 시온주의 세력의 토지 강탈이 아니라 팔레스타인 민족의 재건을 불가능하게 만들려는 시도였다. 팔레스타인인들이 수많은 나라들로 분산되고 유구하게 이어진 공동체들이 사라지면서, 이 모든 집단을 단일한 민족 운동으로 통합하는 게 불가능해지고 있다. 나중에 이런 상황이 어떻게 펼쳐지는지 살펴볼 것이다.

9. 나크바 이후: 이스라엘과 팔레스타인, 1948-1967

유엔이 외교적 수단을 통해 마지못해 팔레스타인 종족 청소를 막으려고 노력하다가 결국 실패로 돌아간 사실에서 알 수 있듯이, 이스라엘은 사실상 아무 처벌도 받지 않았다. 이런 명백한 반인도적 범죄에 대해, 누구도 이스라엘을 비난하지 않았다. 알지 못해서가 아니다. 언론인, 국제 적십자사 특사, 유엔 대표단 등이 현지에서 벌어지는 사태에 관해 솔직하고 자세한 보고서를 작성했고, 장티푸스와 말라리아, 괴혈병이 발생했다고 서술했다. 하지만 고위층에서 내린 결정 때문에, 이 보고서들은 많은 사람들의 귀에 들어가지 않았다.

이스라엘은 국제법과 국제적 관례를 독특하게 이해한다. 이스라엘에게 중요한 것은 자국 정치 지도자들이 유엔을 비롯한 국제기구가 취하는 각각의 입장을 어떻게 해석하는 가다. 사실 국제 사회의 의도는 중요하지 않다. 이스라엘은 나크바 시기에 국제 사회가 보인 침묵과 수수방관을, 이스라엘 국가를 수립하고 국가 안보를 강화하는 수단으로 종족 청소를 계속 사용해도 된다는 백지 수표라고 이해했다. 어쨌든 누구도 처음에 그들을 저지하려 하지 않았다. 1948년 이래 계속된 팔레스타인 종족 청소는 오늘날에도 계속되는 과정으로, 팔레스타인 사람들은 이를 '현재 진행형 나크바 al-Nakba al-Mustamirra'라고 부른다.

이스라엘이 팔레스타인인을 상대로 종족 청소 방법을 거듭 사용하자, 학자들은 점차 이스라엘을 정착민 식민주의 사회로 규정하게 되었다. 정착민 식민주의 연구자들이 주장하듯, 식민화는 일회성 사건—단순히 땅을 정복하는 것—이 아니라 정착민 식민주의 기획이 유지되는 한 박탈을 촉진하는 지속적 구조다. 원주민들은 죽음이나 탈출을 통해 토착 사회가 파괴되거나 식민지 정복자들이 이 기획에서 손을 떼고 남아공의 백인들처럼 탈식민화한 나라의 일부가 되기로 선택할 때까지, 종속적 지위로 남아 있어야 한다.

종족 청소는 1948년부터 1967년까지, 그러니까 육일 전쟁이 발발할 때까지 이스라엘 안에서 계속되었고, 팔레스타인 마을들도 추가로 파괴되었다. 그럼에도 불구하고 팔레스타인인들은 유대 국가 내에서 상당한 규모의 소수 집단이 되어, 전체 인구의 17퍼센트 정도를 차지한다. 앞으로 살펴볼 테지만, 이스라엘이 동예루살렘과 골란고원을 병합한 뒤 이 수치는 20퍼센트로 높아진다.

이스라엘 내의 군정, 1948-1966

1948년에서 1967년 사이에 이스라엘이 팔레스타인계 시민을 추방한 것은 남아 있는 팔레스타인인들을 억압하는 일관된 과정의 일환이었다. 이스라엘은 국경 안에 사는 팔레스타인인들을 군정 체제하에 두었다. 이 체제는 대부분 지역에서 1966년까지 지속되었으며, 어떤 지역에서는 1967년까지도 이어졌다.

이런 군사 체제는 사실 군대가 시민들의 생활을 완전히 통제하도록 한, 영국의 비상사태 규정이 남긴 유산이었다. 이런 권한 덕분에, 아무 이유도 없이 사람들을 추방하고, 살던 집에서 쫓아내고, 재판 없이 구금하고, 총격을 가하고, 사업장을 약탈할 수 있었다. 오늘날에도 요르단강 서안과 가자 지구에서 이런 전술을 여전히 목격할 수 있다.

이스라엘군은 종종 사전 통지 없이 통행 금지령을 시행하기도 했다. 시나이 전쟁을 코앞에 둔 1956년 10월, 카프르 카심(Kafr Qasim) 마을에서 이런 통금이 시행되었다. 이스라엘과 프랑스, 영국은 1952년 혁명 이후 권력을 잡은 이집트 대통령 가말 압델 나세르를 무너뜨리려고 시나이 전쟁을 일으켰다가 실패했다.

앞서 나세르는 19세기에 건설된 이래 영국이 관리해온 수에즈 운하를 국유화했다. 그는 영국 세력에게 이집트에서 철수하라고 요구했다. 서방의 시각에서 보면 설상가상으로, 그는 프랑스에 맞서는 알제리의 독립운동 세력인 민족해방전선(FLN)을 지원했다. 이스라엘은 나세르가 팔레스타인의 대의를 지지하는 강력한 인물이라고 판단했다. 그래서 영국, 프랑스와 협력해 그를 끌어내리고 친서방 지도자를 대신 앉히고자 했다.

대실패로 끝난 시도 직전에, 이스라엘 정보기관은 아무 증거도 없이 이스라엘 내에 사는 팔레스타인인들이 반란을 일으켜 이집트 편을 들 것이라고 주장했다. 이스라엘은 국경 근처에 자리한 팔레스타인 마을들에 통금을 시행하자고 제안했는데, 카프르 카심도 그중 하나였다. 카프르 카심은 요르단 쪽 요르단강 서안의 분계선인 그린 라인 상에 있는 곳으로, 이집트와는 거리가 멀었는데도 통금령의 대상이 되었다.

통금은 1956년 10월 29일 월요일 오후 4시 30분에 시행되었다. 통금 규정에 따르면, 남녀노소를 막론하고 누구든, 오후 5시 이후에 바깥에 나오면 총격을 각오해야 했다. 물론 많은 마을 사람들이 오후에 들에서 일을 했고, 통금 소식을 알 도리가 없었다. 하루 일을 마치고 집에 돌아오는 사람들에게 이스라엘 국경 경찰이 총격을 가해서 49명을 살해했다. 이 학살은 지금도 이스라엘의 팔레스타인 소수자들의 역사와 기억에 남아 있는 벌어진 상처다.

역사적 팔레스타인의 나머지 지역에서 벌어진 사건들, 1948-1967

앞서 살펴보았듯이, 요르단은 1948년 선생중에 요르딘강 서안을 병합했다. 아랍 연맹은 팔레스타인이 해방될 때까지 이스라엘의 공식 국경에 포함되는 역사적 팔레스타인의 모든 지역에 대한 통치권은 임시 행정일 뿐이라고 공식적으로 결정했지만, 요르단 국왕 압둘라는 이를 무시했다. 압둘라 국왕은 요르단강 동안과 서안을 통합하면서 스스로 요르단과 팔레스타인 국왕임을 선포했다. 요르단강 서안의 몇몇 명사 집안은 이 조치를 실용적 대처라고 여기면서 환영했다. 하지만 잿더미를 딛고 등장한 팔레스타인 민족 운동은 요르단강 서안을 해방에 필요한 영토로 인식하게 되었다.

요르단강 서안에는 난민촌이 몇 군데 있었다. 난민들은 여전히 집으로 돌아가기를 기대했고, 팔레스타인 민족 정체성에 관한 강한 인식도 남아 있었다. 그렇지만 팔레스타인 민족이 전력으로 재각성한 곳은 가자 지구의 난민촌이었다. 저항의 첫번째 행동은 요르단강 서안과 마찬가지로 난민들이 종족 청소를 당한 마을에 남아 있는 가축과 작물을 비롯한 재산을 되찾으려고 하면서 시작되었다. 이스라엘군은 난민 사살 정책을 구사했다. 난민들은 저항의 다음 단계로 게릴라 부대를 만들어 이스라엘군과 민간인을 공격했다. 이 게릴라들은 아랍어로 '자신을 희생할 각오가 된 이들'이라는 뜻을 가진 '페다인(Fedayeen)'이라고 불렸다.

이런 활동이 점점 일사불란하게 이루어지자, 이스라엘은 아리엘 샤론(Ariel Sharon)이 지휘하는 101부대라는 새로운 정예 부대를 설립하면서 보복에 나섰다. 페다인이 이스라엘에서 민간인 3명을 죽인 뒤 1953년 벌어진 악명 높은 보복 행동에서, 101부대는 요르단강 서안의 키비아 마을을 공격해서 최소한 69명을 살해하고 주택 45채를 폭파했다. 몇몇 집은 사람이 안에 있는 채로 날려버렸다.

이와 비슷한 활동이 1955년 가자 지구-이스라엘 접경지에서 격화하자, 이스라엘은 이를 구실 삼아 영국, 프랑스와 손을 잡고 시나이 전쟁을 벌였다. 전쟁에서 이스라엘은 가자 지구와 시나이반도를 잠깐 점령했지만, 미국과 소련이 개입하자 물러날 수밖에 없었다.

1956년 이후, 가자 지구의 페다인은 이집트와 쿠웨이트, 레바논 같은 나라에 망명한 팔레스타인 학생들이 주도하는 새로운 계획과 연계했다. 1957년 무렵 그들은 파타(Fatah)라는 비공식 단체를 만들었다. '팔레스타인 민족해방운동'의 아랍어 약자를 뒤집은 이름이다. 1965년 1월 1일, 파다는 이스라엘에 맞선 사보타주 작전으로 헤드라인을 장식했다. 국가 송수로의 일부를 폭파하려 했지만 실패로 끝났다. 이스라엘은 요르단강 일부의 물길을 바꿔서 이스라엘 남부로 파이프를 통해 흐르게 하는 송수로를 부설한 바 있었다. 미국은 사보타주 시도를 비난했고, 이스라엘-시리아 국경에서 긴장이 한층 고조되었다.

요르단강 서안의 새로운 통치자인 요르단 하심 왕가는 팔레스타인 난민들이 국경을 넘어 예전 마을로 돌아가지 못하게 막고, 페다인이 이스라엘을 겨냥한 작전을 수행하지 못하도록 차단하려고 했다. 더 나아가 압둘라의 손자인 후세인 국왕은 1950년대 초 내내 국경 분쟁을 진정시키기 위해 이스라엘과 끈질기게 교섭하려 했지만, 아무 성과가 없었다. 페다인과 이스라엘군은 계속 충돌했다.

요르단강 서안을, 이를테면 요르단화하려는 후세인 국왕의 시도는 잘 통하지 않았고, 그곳 주민들은 팔레스타인 정체성을 확고하게 지켰다. 1957년 후세인 국왕이 주로 요르단강 서안에서 모집한 요르단 군대의 친나세르 아랍 민족주의 부대들이 쿠데타를 일으키려 한다고 의심한 뒤에도, 서안 지역은 팔레스타인 정체성이 강했다. 후세인 국왕은 요르단강 서안에 군사 통금령을 내리고, 정당을 금지했으며, 엄격한 검열을 시행했다.

후세인 국왕은 비록 범아랍주의에 반감이 심하긴 했지만, 팔레스타인 해방 투쟁에 대한 관심을 새롭게 환기시키기 위해 나세르가 주도한 아랍 연맹의 기획에 참여했다. 1964년 아랍 연맹은 예루살렘에서 팔레스타인 민족평의회를 소집했는데, 평의회는 곧바로 팔레스타인 해방 기구(PLO)를 설립했다. 위임 통치령 시절 팔레스타인 공동체의 예전 정치 지도자들로 구성된 회의였다.

한편 더욱 급진적인 팔레스타인인들은 좌파 범아랍 민족주의 운동인 카우미야 알아라비야(Qawmiyah al-Arabiyah)에 합류했는데, 이 운동에서 1967년 이후 팔레스타인 해방 기구의 좌파 그룹들이 등장한다. 팔레스타인 해방 인민 전선(Popular Front for the Liberation of Palestine, PFLP)과 팔레스타인 해방 민주 전선(Democratic Front for the Liberation of Palestine, DFLP)이 대표적이다. 다른 이들은 각국 공산당과 범시리아 정당, 바트당(사회주의적 범아랍 통일을 주창했다)의 다양한 지부에 가입했다. 아랍어로 '재생'을 뜻하는 명칭의 바트당은 시리아와 이라크에서 지배적인 정지 세력이 된다.

요르단강 서안과 가자 지구, 팔레스타인 바깥에서 팔레스타인인들이 벌이는 정치 활동은 대부분 난민촌에서 이루어졌다. 빈곤과 고달픈 생활 조건에도 불구하고, 난민촌은 팔레스타인 활동가들이 교육과 복지와 연대를 제공할 수 있는 장소였다. 그들은 분명 해방을 쟁취하지는 못했다. 하지만 팔레스타인의 대의를 결코 놓지 않았으며, 정의를 위한 주장을 포기하기를 거부했다.

아랍 유대인

계속 이야기를 하기 전에 이스라엘의 구성, 특히 아랍과 무슬림 세계에서 온 유대인 65만 명에 관해 한마디 해야겠다. 1948년 이전에 시온주의 지도부는 기본적으로 아랍인이라고 여긴 아랍 유대인들에 대해 열정을 보이지 않았다. 시온주의자들이 볼 때, 그들은 중동 땅에 유럽의 전초 기지를 세우는 데 도움이 되지 않을 터였다.

하지만 홀로코스트가 유럽 유대인 공동체를 파괴하면서, 그 인구를 기존의 3분의 1로 줄여놓았다. 더욱이 미국과 영국의 유대인 대다수는 이스라엘로 이주하지 않았다. 국내에서 너무 편하게 살았기 때문이다. 따라서 시온주의자들은 신생 유대 국가의 인구를 채우기 위해 동방으로 눈을 돌려야 했다. 그러나 아랍 유대인들이 수천 년은 아니더라도 많은 경우에 수백 년간 정착해 살아온 나라를 떠나도록 설득하기는 쉽지 않았다. 그들은 그곳에서 번성했고, 반유대주의를 거의 겪지 않았으며, 아랍인을 이웃으로 여겼다. 시온주의자들은 공세적인 설득 캠페인에 호소하면서, 종종 음흉한 방법까지 구사해야 했다.

1940년대 말과 1950년대 초, 시온주의 운동은 주로 구약 시대까지 거슬러올라가 세계에서 가장 오래 이어진 유대인 집단으로 손꼽히는, 이라크의 유대인 공동체를 겨냥했다. 시온주의 지도부는 그들의 집단 이주를 어떻게 이끌어냈을까?

첫째, 이스라엘 정보부인 모사드(Mossad)는 시너고그를 비롯한 공동체 중심지에 폭탄을 설치하는 등 유대인 공동체에 공포의 씨앗을 뿌리기 위해 위장 테러 작전을 벌였다. 둘째, 이스라엘은 이라크 총리 누리 알사이드(Nuri al-Said)와 비밀 협정을 맺었는데, 알사이드는 기꺼이 유대인을 겨냥한 입법을 통과시켜서 유대인의 탈출을 부추겼다. 그는 이를 유대인이 보유한 상당한 자산과 자본을 가로챌 기회로 여겼다.

예멘에서는 다른 전술이 활용되었다. 예멘 유대인들은 이라크 유대인보다 종교의 가르침을 훨씬 잘 지켰다. 그들은 유대인의 귀환이 유대 민족 구원의 시작점으로, 유대교 메시아 예언의 실현이라는 설득에 이끌려 팔레스타인으로 향했다. 팔레스타인에서 시온주의자들이 독실한 유대인 사회를 건설하고 있다는 말에 이끌린 것이다. 그와 동시에 다비드 벤-구리온 같은 이스라엘 지도자들은 현대적 사회주의 국가를 건설한다고 자처했다.

나중에 1967년 육일 전쟁이 끝나고 나자, 북아프리카와 시리아, 레바논에서 이스라엘로 향하는 이민 물결이 이어졌다. 이스라엘이 건국되고 20년 동안, 시온주의 국가는 아랍 세계가 시온주의를 유대교와 동일시하게 만드는 데 성공했다. 그 결과, 자국 내에서 박해를 받을까 두려워한 아랍 유대인들이 속속 이스라엘을 향해 떠났다.

이집트의 유대인 공동체는 특히 흥미로운 사례다. 이집트의 유대인들 역시 기독교가 출현하기 전부터 그곳에 살고 있었다. 이스라엘은 1954년에 이집트의 유대인 젊은이 몇 명을 끌어들여 서방과 관련이 있는 이집트의 표적(도서관과 영화관 등)을 대상으로 테러 공격을 자행하게 하면서, 이집트 유대인들의 삶을 힘들게 만들었다. 이집트와 서방의 관계 악화가 목적이었다. 테러리스트들은 체포됐지만, 이 사건을 계기로 이집트에서 긴장이 높아졌으며, 이런 적대적인 분위기에서 안전을 걱정한 대다수 유대인은 이스라엘이나 미국으로 떠났다. 오늘날 이 시도는 라본 사건(Lavon Affair)이라는 이름으로 악명 높다. 이름의 기원이 된 국방장관 핀하스 라본(Pinhas Lavon)은 테러 행위를 지시했으면서도 책임을 부인했다. 이 사건을 계기로 이집트와 평화적 관계를 맺으려 한 이스라엘 총리 모셰 샤레트(Moshe Sharett)의 시도는 좌절되었다.

베테랑 시온주의 지도부는 아랍과 이슬람 나라에서 온 유대인을 열등한 시민 취급했고, 거리낌없이 경멸을 드러냈다. 많은 아랍 유대인들이 이스라엘에 도착하자마자 DDT 스프레이 세례를 받았다. 의도적으로 모욕을 주려는 절차였다. 시온주의자들은 이 유대인들을 탈아랍화해야 한다고 생각했다. 낭국은 여럿이 같이 사는 내가족을 핵가족으로 흩어뜨리고, 어린아이들은 히브리어로만 교육하면서 이스라엘 국가의 용맹성을 신봉하게 의식화하는 한편, 아랍 유대인을 의도적으로 사회 주변부에 묶어놓았다. 이스라엘로 이주한 많은 이들을 고향 나라에서 어떤 직업을 가졌든 간에 가난한 국경 소도시에 재정착하게 했다. 아랍 국가와 인접한 이런 소도시에서는 선택의 여지가 없어서, 미숙련 일자리에 종사할 수밖에 없었다. 이스라엘 엘리트를 구성하는 유럽 유대인과 동등한 시민으로 인정받으려면, 아랍의 과거를 완전히 부정하고 털어버려야 했다. 이런 공세적인 기획은 대부분 성공을 거두었다. 오늘날 아랍 유대인은 이스라엘에서 우파 정당에 표를 주는 가장 큰 유권자 집단으로 손꼽히며, 종종 팔레스타인인에 대한 폭력을 목청 높여 옹호한다. 그들은 시온주의의 가장 확고한 신봉자임을 입증하고 있다. 여전히 평등을 누리지 못하는데도 말이다.

10. 육일 전쟁으로 가는 길, 1967

이스라엘은 자국을 말살하려고 호시탐탐 노리는 국가들에 둘러싸인 채 홀로 버티고 있으며, 이 때문에 사실상 무제한 적인 군사 원조가 필요하다는 신화를 퍼뜨리기 좋아한다. 1967년 육일 전쟁은 좋은 예다. 하지만 이것이 이스라엘을 대하는 아랍 국가들의 태도를 정확히 설명해주지는 않는다. 1950년대에 이집트 대통령 가말 압델 나세르가 팔레스타인의 대의를 지지하기는 했지만, 그럼에도 그는 이스라엘과 협정을 맺을 가능성을 기꺼이 검토했다. 이집트가 요르단과 육로로 연결되고, 난민들이 귀환하며, 이스라엘 옆에 팔레스타인 국가를 창건할 수 있는 협정이었다. 하지만 이스라엘 쪽에 믿을 만한 대화 상대가 없었다. 나세르는 국제 사회가 개입해서 팔레스타인인들이 당한 불의를 바로잡고 이스라엘의 팽창주의를 봉쇄하기를 기대했다. 1956년 수에즈 위기가 발발할 때까지, 영국 외무부와 미국 국무부 양측은 이런 구상을 협상의 토대로 기꺼이 검토했다. 하지만 나세르가 수에즈 운하를 국유화하면서 영국의 철수를 요구하고 모스크바에 지원을 요청한 뒤 이 기획은 수명을 다했고, 앞서 살펴보았듯 영국은 미국의 동의 없이 프랑스, 이스라엘과 공모해서 나세르를 무너뜨리려 했다.

이스라엘이 이렇게 실패한 작전에 참여하자, 나세르는 이스라엘이 여기서 멈추지 않고 시리아와 이라크에 수립된 아랍 민족주의 정권을 무너뜨릴 것이라는 공포에 빠졌다. 이런 일이 벌어지지 않도록 막기 위해, 그리고 아랍 세계에서 자신의 지위를 강화하기 위해, 1958년 나세르는 시리아 정부를 설득해서 이집트와 하나의 공화국으로 통일할 수 있었다. 통일 아랍 공화국(United Arab Republic, UAR)이라는 국가는 고작 3년간 지속되었다. 하지만 이 국가가 해체된 뒤에도 이집트와 시리아는 전략적 동맹을 유지했다. 이스라엘이 언제든 시리아를 공격하리라는 공포와 팔레스타인 해방에 대한 약속으로 똘똘 뭉친 것이다. 1960년대 중반, 이스라엘이 요르단강 물길을 국가 송수로로 돌리는 사업을 시작하면서, 이스라엘-시리아 국경에서는 끊임없이 마찰이 빚어졌다.

하지만 여전히 하심 왕조가 통치하는 나라로, 이집트와 시리아가 주도하는 범아랍 운동의 경쟁자였던 요르단도 똑같이 이스라엘의 침공 가능성을 우려했다. 결국 요르단은 1967년 5월, 이집트와 방위 협정을 체결했다.

요르단으로서는 신경을 곤두세울 이유가 충분했다. 요르단의 이스라엘 쪽 국경이 전쟁터가 된 상태였기 때문이다. 1965년 이래 팔레스타인 게릴라 파타가 요르단과 요르단강 서안을 기반으로 작전을 개시했다. 그러자 이스라엘군은 잔인한 보복을 가하면서 요르단 영토를 침범했다. 1966년 11월, 이스라엘군은 파타를 공격하기 위해 사무 마을을 급습했는데, 결국 요르단군과 충돌이 벌어져서 병사 15명과 조종사 1명을 죽였다. 이 사건을 계기로 이 지역은 전면전으로 치닫는 분위기였다.

이집트와 요르단, 시리아 정부는 이스라엘이 시리아 공격을 계획하고 있다고 여겨, 실제로 공포에 사로잡혔다. 나세르는 벼랑 끝 정책으로 대응하기로 결정했다. 팔레스타인 위임 통치 이후의 미래에 국제 사회가 다시 개입하기를 기대하면서, 군사 행동을 수행하기로 한 것이다. 이를 위해 나세르는 1956년 이후 유엔의 감독 아래 비무장 지대가 된 시나이 반도로 병력을 보내, 홍해에서 이스라엘 항구 에일라트까지 이어지는 아카바만으로 들어가는 입구에 자리한 티란해협을 봉쇄했다.

하지만 이스라엘은 이런 벼랑 끝 전술을 활용해서, 많은 지도자들이 밀어붙이기를 원하는 대이스라엘이라는 전망을 실행했다. 대이스라엘은 역사적 팔레스타인 전체, 즉 오늘날의 이스라엘, 요르단강 서안, 가자 지구에 해당하는 영역이다. 이 모든 땅이 속속들이 유대 국가가 될 터였다. 이스라엘 정부 최고위층에는 대이스라엘 압력 집단이 존재했다. 이 집단은 주로 1948년 전쟁에서 활약한 퇴역 장성과 노동당 정부의 나이든 이론가들로 이루어졌는데, 모두 1948년에 역사적 팔레스타인 전체를 정복하지 못한 것을 통탄했다. 당시 독실한 시온주의자 소그룹, 예루살렘의 예시바 랍비 센터(메르카즈 하라브)에 다니는 젊은 학생들이 그들을 지지했다. 츠비 쿠크(Zvi Kook)라는 랍비의 제자들은 그에게서 요르단강 서안과 가자 지구를 식민화하는 것이 하느님의 뜻이며 신성한 명령이라고 배웠다.

이 압력 집단은 1963년까지 집권한 이스라엘 총리 다비드 벤-구리온에게 요르단과 맺은 휴전 협정을 위반하고 요르단강 서안을 점령하는 게 정당하다고 이미 몇 차례 설득한 바 있었다. 1958년에는 요르단에서 친나세르 쿠데타가 일어나 정권이 뒤집히기 일보 직전이며, 이스라엘은 요르단강에 확실한 국경을 세우고 요르단강 서안을 장악하는 게 신중한 처사라고 주장했다. 두번째 주요한 시도는 1960년에 벌어졌다. 당시 나세르는 이스라엘이 곧 시리아를 공격하려 한다고 오판하면서, 1967년 6월 직전과 비슷한 조치를 취했다. 시나이반도에 병력을 쏟아부어 티란해협을 봉쇄한 것이다. 이스라엘은 예비군을 구성했는데, 이것만으로도 긴장을 단계적으로 완화하는 데 충분했다. 양측의 시도 모두 1948년 종족 청소의 설계자 다비드 벤-구리온에 의해 좌절되었다. 1948년 팔레스타인인 최대 1백만 명을 추방하는 과정을 감독한 벤-구리온은 이 팔레스타인 지역들을 유대 국가로 편입하려는 욕망이 없었다.

하지만 벤-구리온은 1963년 주류 정치에서 축출되었고, 그의 후계자들은 대이스라엘을 창조한다는 구상에 한층 개방적이었다. 실제로 정부는 특별한 전문가 집단을 소집해서, 요르단강 서안과 가자 지구가 결국 이스라엘의 수중에 들어올 경우에 두 지역을 통치하기 위한 계획을 마련했다. 팔레스타인계 시민들에게 부과된 군정을 이끌던 미카엘 샤함(Michael Shaham)이 팀을 진두지휘했다. 이 프로그램은 이후 샤함 플랜으로 불리게 된다. 1963년에서 1964년 사이에 최종 완성된 프로그램에는 점령 이후 주민 치안 유지와 통제를 가능케 할 군법 체제를 마련하는 방법에 관한 분명한 지침도 들어 있었다. 바로 이런 일이 1967년 6월에 실행된다.

전쟁이 호시탐탐 노리는 영토를 점령하기 위한 유용한 구실이 될 터라, 이스라엘은 전쟁을 피할 수 있는 모든 경로를 활용하지 않겠다는 태도를 확실히 했다. 이런 경로가 몇 가지 있었다. 국제 사회가 충분한 의지만 가지면 상황을 차근차근 진정시킬 수 있었지만, 이스라엘은 긴장 상황을 활용해서 전쟁을 개시하기로 결정했다. 전쟁이 벌어지면, 1948년에 차지하지 못한 역사적 팔레스타인 지역들을 장악할 수 있었기 때문이다.

이스라엘은 1967년 6월 5일, 일사불란한 공격을 개시해서 이집트와 시리아, 요르단의 공군을 우선 파괴했다. 6일 만에 이스라엘군은 소제국을 형성하면서, 요르단강 서안과 가자 지구, 시나이반도와 골란고원을 점령했다.

  이 충돌을 이해하기 위해서 1967년 6월 이후 전개된 이스라엘과 이집트나 시리아의 관계를 검토할 필요는 없다. 우리는 계속해서 역사적 팔레스타인에 초점을 맞출 것이다. 하지만 이스라엘이 육일 전쟁을 통해 골란고원을 차지했을 때, 1백 개 가까운 그 지역 마을을 종족 청소하면서 주민들을 시리아로 추방한 사실을 주목해야 한다. 이스라엘은 계속해서 1948년에 갈고닦은 바로 그 방법을 사용해 이 지역을 식민화했다.

11. 지상 최대 감옥 두 개의 탄생, 1967-2000

1948년부터 1967년까지 이스라엘이 한 행동에서 분명히 알 수 있듯이, 시온주의 운동은 토착 주민들을 가급적 줄이고 최대한 많은 땅을 차지하려고 하는 현재 진행형의 정착민 식민주의 기획이다. 1967년까지, 이스라엘은 역사적 팔레스타인의 78퍼센트만을 정복해서 원래 목표를 완전히 달성하지 못했다.

하지만 육일 전쟁을 계기로 이스라엘은 역사적 팔레스타인 전체를 차지했다. 이제 무엇을 해야 할까? 이스라엘의 13대 정부는 이 답을 찾으려고 했다.

13대 정부는 이스라엘 역사상 가장 다원적인 정부였다. 모든 시온주의 정당이 이 정부에 참여했고, 심지어 초정통파 종교 정당들도 정부의 일원이었다. 언뜻 기묘해 보이는 이 연합의 조화가 오늘날까지 이스라엘과 팔레스타인의 운명을 계속 좌우하게 되는 전략적 결정을 내릴 수 있었던 이유다. 다행히도 최근 몇 년 사이에 이스라엘 국가 문서 보관소는 13대 정부의 회의 속기록을 기밀 해제했다. 따라서 우리는 당시 내려진 여러 결정과 그 근거로 내세운 이유를 아주 자세히 알 수 있다.

하지만 우선 정착민 식민주의의 관점에서 다시 한번 이 문제를 정의해보자. 점령된 지역, 특히 요르단강 서안은 13대 정부에서 결정적으로 중요한 곳으로 간주되었다. 정부의 일부 성원들이 요르단강 서안을 장악할 필요가 있다고 봤던 이유는 이 지역이 성경에 나오는 이스라엘의 심장부로, 따라서 '민족의 심장부'로 여겨졌기 때문이다. 헤브론이나 베들레헴 같은 성경의 도시들이 자리한 곳이었다. 한편 다른 구성원들은 장래에 아랍-이스라엘 전쟁이 벌어질 때 형성될 동부 전선의 전략적 장벽으로 요르단강을 활용해야 하기 때문에, 이스라엘이 이곳을 영토로 편입할 필요가 있다고 보았다. 이는 다소 황당한 판단인데, 그 이유는 지도를 힐끗 보기만 해도 알 수 있다. 요르단강은 평균 폭이 30미터로, 진군하는 군대가 건너는 데 전혀 어려움이 없다.

하지만 분명한 문제가 있었다. 요르단강 서안과 가자 지구에는 양쪽 다 팔레스타인 인구가 많았다. 사람들은 빼고 어떻게 영토를 차지할 것인가? 앞서 살펴보았듯, 1948년 해법은 이 지역을 종족 청소하고 팔레스타인인들이 돌아오지 못하게 막는 것이었다. 육일 전쟁 이후 똑같은 방법을 쓸 수 있었을까?

이스라엘 정부는 같은 방법을 사용할 수 없다고 판단했다. 2005년까지 요르단강 서안과 가자 지구에 대한 이스라엘의 전략에 영향을 미치는 몇 가지 결정이 이루어졌다.

정부가 첫번째로 내린 결정은 새로 점령한 지역에서 팔레스타인인 대다수를 그냥 내버려두고, 적어도 1948년에 견줘 비교적 소수만 추방하는 것이었다. 이스라엘은 1967년 점령지에서 팔레스타인인 약 30만 명을 제거했다. 주로 예리코 근처의 난민촌과 예루살렘 구시가, 대예루살렘(Greater Jerusalem) 지역에서 팔레스타인인을 쫓아냈다.

둘째, 이스라엘 정부는 점령지에 사는 팔레스타인인들에게 이스라엘 시민권을 부여하지 않는 쪽을 선택했다. 이 결정은 행정부 안에서 좀더 논쟁적이었다. 일부 장관들은 시민권도 받지 못한 채 정부의 신민으로 얼마나 오래 살 수 있겠냐고 의문을 표했다. 국방 장관 모셰 다얀(Moshe Dayan)

은 최소한 50년은 그렇게 살 수 있다고 무뚝뚝하게 대꾸했다. 다시 말해, 그들은 이 체제가 일시적이라는 점에 아무 관심이 없었다.

실제로 우리는 수백만 명의 시민권을 박탈하는 것, 즉 자기 삶을 규정하는 결정에 아무 발언권도 주지 않는 것은 체계적인 억압을 통해서만 가능함을 알게 되었다. 그런 식의 현상 유지가 가능해지려면, 기본적인 시민권과 인권을 침해하는 치안 활동과 통제 체제를 유지해야만 한다. 이런 목적을 위해, 1967년까지 이스라엘 내부의 팔레스타인 소수자를 통제하는 데 사용된 비상 법규가 요르단강 서안과 가자 지구에도 적용되었다. 샤함 팀이 전쟁 전에 계획한 내용 그대로였다. 이 법규는 사람들을 재판 없이 구금하고, 통행금지와 폐쇄를 시행하고, 사람들을 추방하고 민간인을 괴롭혀도 아무 처벌을 받지 않는 절대적 권한을 군대에 부여했다.

그들은 정부 회의에서 근본적인 결정을 또 내렸다. 이스라엘은 원칙적으로 평화 과정에 반대하지 않지만, 요르단강 서안과 가자 지구에 대한 통제권 포기는 절대 용인할 수 없다는 것이었다. 그리하여 시간이 흐르면서, 이스라엘은 특히 노동당(1969-1977년 집권; 1984-1990, 1992-1996, 1999-2001년 공동 집권) 내에서 대단히 솔직하지 못한 입장을 견지하게 되었다. 이스라엘 역대 정부는 요르단강 서안과 가자 지구의 운명을 논의하는 평화 과정에 참여하는 데 동의한다고 주장하지만, 실제로는 두 지역을 직간접적으로 통제하지 않는 이스라엘은 꿈에도 상상하지 못한다. 이스라엘 정부는 지금까지도 이런 입장을 견지하며, 실제로 수십 년에 걸쳐 더욱 몰두할 뿐이다.

1967년의 13대 연립 정부를 대체한 노동당 정부는 이후 8년간(1969-1977) 이스라엘을 통치했다. 노동당 정부가 집권하는 동안 이스라엘의 공식 입장은 오랜 대이스라엘 신봉자인 노동당 정치인 이갈 알론(Yigal Allon)이 제안한 '요르단 선택지'라고 알려졌다. 이 계획의 조항에 따르면, 이스라엘은 요르단강 서안의 일부 지역에 대한 통제권을 요르단에 양도하고 나머지 지역을 차지하게 된다. 요르단이 팔레스타인 인구가 가장 많은 지역을 병합하고, 나머지 인구가 적은 지역은 설령 요르단 국경에 인접한 곳이더라도 이스라엘의 수중에 남기는 방식이었다.

아무 성과가 없더라도, 알론은 이스라엘에 속한다고 확

인한 요르단강 서안에 유대인들이 정착하도록 밀어붙였다. 노동당은 이런 식으로 헤브론 근처 요르단강 유역과 베들레헴, 대예루살렘 지역에 최초로 불법적인 유대인 정착촌을 만들었다. 알론은 또한 네게브사막에서 요르단강까지 유대 영토의 통합성을 확립하기 위해 남부 헤브론산, 일명 마사페르 야타(Masafer Yatta) 지역에서 팔레스타인인을 쫓아내려는 첫 시도를 했다. 그곳에 사는 팔레스타인인들은 저항했고, 지금도 이 지역에서 종족 청소에 맞서 저항하고 있다. 2023년 10월 7일 사태 이후 모든 이의 이목이 가자 지구에 쏠리는 동안, 이 지역의 유대인 정착민들은 이스라엘군이 전면 협력하는 가운데 현지 마을들에서 팔레스타인인 수천 명을 쫓아내는 데 성공했다.

하지만 노동당의 문제는 정착민들이 외교적 세부 사항에 구애받지 않고 나름대로 자신이 원하는 곳에 살려고 한다는 점이었다. 유대인들의 새로운 메시아 운동은 1974년 극우 신자 연합 구시 에무님(Gush Emunim)으로 구체화하는데, 유대인 수천 명을 요르단강 서안과 가자 지구로 인도했다. 그들은 이런 구호를 외쳤다. "이스라엘 토라에 따라 이스라엘 민속을 위한 이스라엘 땅."

구시 에무님은 알론 계획이 요르단에 양도하려 한 바로 그 지역에 정착했다. 그들은 '성경 지도'를 사용했다. 요르단강 서안에서 인구가 가장 조밀한 팔레스타인 지역을 정착 대상지로 가리키는 지도였다. 또한 유대인 정착촌을 기정사실로 만들려고 했고, 정부는 이런 활동을 방임했다.

이 모든 정착촌은 국제법의 여러 협약, 특히 제네바 협약대로라면 예나 지금이나 불법이다. 4차 제네바 협약에 따르면, 각국은 점령지에 자국 시민을 이주시킬 수 없으며, 점령된 사람들의 땅을 무력으로 차지해서는 안 된다. 인권 단체들이 초기 단계에서 정착촌에 이의를 제기하려 했을 때, 이스라엘 대법원은 정착촌이 일시적인 것이며 방위와 국가 안보 목적으로만 사용된다고 주장하면서 정착촌을 승인했다. 나중에 같은 대법원이 이 '군사' 전초 기지의 민간인 정착촌 전환을 합법화했다. 이스라엘은 이런 이유로 자국은 결백하다고 주장한다. 하지만 국제법은 여전히 변함이 없다.

가자 지구의 새로운 정착촌들은 일찍이 1968년에 시작되었다. 이츠하크 라빈(Yitzhak Rabin)이 처음 총리로 재임한 1974-1977년에 노동당은 또한 가자 지구의 유대인 정착을 장려해서 후에 구시 카티프(Gush Katif)라 불리는 지역을 만들었다. 가자 지구에 유대인이 빼곡히 모여 사는 정착촌이다.

가자 지구는 1948년, 원래 언뜻 해결 불가능해 보이는 난민 문제에 직면한 이스라엘인들이 고안한 발명품이었다. 하지만 알론을 비롯한 대이스라엘 선지자들의 노력에도 불구하고, 1967년 이후 이스라엘 정부가 그곳에 정착시킨 인구는 불과 몇천 명이었다. 훨씬 많은 수가 이스라엘이 점령한 시나이반도에 자리를 잡아서, 결국 이스라엘은 그곳에 신도시 두 곳을 세웠다. 그 주민들은 1979년 이스라엘이 이집트와 강화한 뒤 쫓겨나게 된다.

노동당 정부 시절의 유대화 시도는 요르단강 서안과 가자 지구에 국한되지 않았다. 이스라엘에 속한 팔레스타인계 시민 절반이 갈릴리 지역에 살았는데, 그들이 지역 인구의 절반을 차지했다. 이스라엘은 인구 균형을 대폭 바꿔서 유대인이 다수가 되기를 원했다. 1948년 이후 간헐적으로 이런 시도가 있었고, 1976년 노동당 정부는 '갈릴리의 유대화' 사업을 진두지휘했다. 정부는 아랍인의 토지를 몰수하고, 군사 기지와 유대인 정착촌을 새로 지었다.

갈릴리의 팔레스타인 공동체는 눈앞에서 펼쳐지는 상황

에 대해 어떤 환상도 품지 않았다. 지속적인 토지 탈취에 항의하기 위해, 1976년 3월 1일 파업 행동을 선언했다. 이스라엘은 무자비한 대응으로 팔레스타인계 시민 6명을 살해했다. 이날은 '땅의 날'이 되어 지금도 이스라엘과 점령지 팔레스타인인들이 해마다 기념한다.

점령에 눈감는 국제 사회

육일 전쟁 직후에 미국은 분쟁을 '해결'하려는 시도의 책임을 떠맡았다. 1967년 이전에 미국은 역사적 팔레스타인을 자기 소관으로 보지 않았고, 현지의 현실을 바꾸려는 외교적 시도를 줄곧 외면했다.

실제로 1963년 11월 존 F. 케네디 대통령이 암살당할 때까지는 미국이 드물게 이 문제에 개입을 한다고 하더라도 이스라엘과 조정을 거치지 않았고, 때로는 미국 행정부가 대체로 이스라엘을 지지한다고 주장하기는 했어도 미국의 입장은 이스라엘의 행동이나 욕망과 충돌했다. 1963년까지 미국 정부는 여전히 팔레스타인 난민의 귀환권을 지지했고, 이스라엘의 요르단강 물길 돌리기를 열성적으로 지지하지는 않았으며, 이스라엘이 팔레스타인 게릴라 운동에 대해 요르단과 시리아의 주권 영토에서 과도하게 보복 작전을 벌이는 상황을 비난했다. 미국은 또한 이스라엘이 핵 역량을 구축하도록 도우려 하지 않았다. 이스라엘은 핵 개발을 프랑스에 의지해야 했다.

하지만 1963년, 엄청난 위력을 지닌 친이스라엘 압력 단체인 미국 이스라엘 공보위원회(American Israel Public Affairs Committee, AIPAC)가 설립되었다. 이 단체가 구축한 광범위한 정치 기구는 미국 정치인들 절대대수가 이스라엘을 무조건 지지하게 만드는 확실한 기반이 되었다. 따라서 행정부가 이스라엘의 정책을 불편하게 느끼더라도 결코 어떤 유의미한 행동을 하지 못했다.

미국이 최종적으로 별 소용도 없는 비난을 한 것은 육일전쟁이 끝난 뒤 이스라엘이 동예루살렘을 공식 병합하고 나서였다. 1949년에도 미국은 다른 나라들과 합세해서 서예루살렘을 수도로 정한 이스라엘의 결정을 비난했다. 이 결정은 예루살렘을 국제 관할 도시로 상정한 유엔 분할안의 조항에 위배되기 때문이다. 그리하여 노닐드 트럼프가 대통령이 될 때까지, 미국 대사관은 예루살렘이 아니라 텔아비브에 있었다.

하지만 1967년 전쟁 이후 미국은 다른 전략을 채택했고, 이는 지금까지도 미국의 우선순위에 영향을 미친다. 이 전략은 분쟁이 시작된 시점은 1967년이고, 이는 이스라엘의 잘못이 아니며, 이스라엘이 평화를 위해 일부 영토를 양보하는 것은 너그러운 처사라는 견해에 바탕을 두었다. 이 전략의 토대는 1967년 전쟁에 대응해 나온 유엔 안보리 결의안 242호였다. 결의안 242호의 여러 초안 중 하나에서는 평화의 선결 조건으로, 이스라엘에 모든 점령지에서 철수하고 이웃 나라들의 영토 보전을 인정하라고 요구했다. 이스라엘은 재빨리 전형적인 행동 방식으로 삼은 대응에서, 이는 일부 점령지에서의 철수만을 의미한다고 주장했다.

유엔은 또한 1973년 10월 이집트와 시리아가 점령당한 골란고원을 되찾겠다는 목표로 이스라엘을 공격한 욤 키푸르 전쟁 이후에도, 똑같은 원칙을 되풀이하게 된다. 이스라엘은 미국의 지원을 받아 공격을 물리쳤고, 그 결과 형성된 장기 휴전은 결국 이스라엘과 이집트의 평화 조약으로 귀결된다. 유엔 안보리 결의안 338호는 결의안 242호를 실행하라고 요구하는 한편, 1948년과 1967년 발생한 팔레스타인 난민들의 귀환권에 대해 입에 발린 말을 했다.

욤 키푸르 전쟁 전에 유럽 경제 공동체(EEC)도 유엔 결의안 242호에서 유래한 미국의 이런 전략을 지지했다. 미국이 이 전략을 한결같이 일관된 방식으로 실행한 것은 아니다. 그때그때 대통령의 성격에 따라 달랐다. 분명 오바마는 트럼프와 다른 목소리를 냈다.

리처드 닉슨 행정부 시절(1969-1974)에 미국은 결의안 242호에 근거한 해법을 밀어붙이려는 첫번째 시도에 관여하게 되었다. 국무장관 윌리엄 로저스(William Rogers)는 자기 이름이 붙은 로저스 플랜을 실현해서, 이스라엘이 이집트 영토에서 철수하도록 하고 이스라엘과 이집트가 지속적인 평화를 이루게 하려 했다. 팔레스타인 문제는 무시했다. 하지만 닉슨의 국가 안보 보좌관 헨리 키신저가 그보다 한 수 위였다. 키신저는 후에 로저스의 후임으로 국무장관이 된다.

이 시도는 실패로 끝났고, 그 결과 1973년 욤 키푸르 전쟁이 벌어졌다.

유엔에서 아랍과 아프리카 나라들은 역사적 팔레스타인

문제에 대해 아주 다른 접근법을 지지했다. 새롭게 독립한 나라들, 특히 아프리카 나라들은 아파르트헤이트 정권에 맞서 싸우는 남아공 흑인들을 돕는 데 힘을 모았다. 이 나라들은 이스라엘도 아파르트헤이트 국가이며, 역시 같은 방식으로 저항해야 한다고 생각했다. 그들 눈에 아프리카 민족회의(African National Congress, ANC)와 팔레스타인 해방 기구(PLO, 1964년 팔레스타인의 모든 저항 단체들을 아우르는 기구로 창건됨)는 공히 정당한 반식민주의 운동이었다. 1975년, 이 회원국들은 유엔 총회에서 시온주의는 '인종주의와 인종 차별의 한 형태'라고 언명하는 결의안을 통과시킬 수 있었다. 이 결의안은 1991년, 미국이 앞장서서 이를 폐기하는 새로운 결의안을 통과시킬 때까지 유효했다. 이는 무장 투쟁과 나란히 팔레스타인 해방을 위해 팔레스타인 해방 기구가 추구한 양면 전략 외교 전선의 일환이었다.

팔레스타인 해방 기구는 기꺼이 협상에 임하는 태도를 보이면서, 유럽 곳곳에서 폭넓은 정당성을 확보했다. 팔레스타인 해방 기구 공사관이 세계 각지에서 문을 열었다. 하지만 팔레스타인 해방 기구는 게릴라전을 포기하지 않았고, 때로는 게릴라전 때문에 타격을 입기도 했다. 역효과를 낳은 작전 중 하나는 군사 부문 조직인 검은 9월단이 1972년 뮌헨 올림픽에서 이스라엘 선수단을 납치한 사건이다. 독일 경찰이 서투르게 구출 작전을 펴다가 이스라엘 선수단 11명이 목숨을 잃었다. 이스라엘은 '신의 분노' 작전이라는 이름으로, 20년에 걸쳐 유럽과 아랍 세계에서 팔레스타인 해방 기구 지도자들을 암살하여 보복했다.

6년 뒤, 파타가 또다른 작전을 수행했다. 하이파에서 텔아비브로 가는 버스를 납치해서 민간인 37명을 살해했다. 이번에 이스라엘은 팔레스타인 해방 기구가 1970년 이래 근거지로 삼은 레바논 남부를 점령하는 것으로 대응했다. 이스라엘은 그곳에서 팔레스타인 해방 기구의 기반 구조 자체를 파괴하려고 했다. 원래 1970년까지, 팔레스타인 해방 기구 본부와 주요 세력은 요르단의 팔레스타인 난민촌에 집중돼 있었다. 하지만 하심가 통치자들은 팔레스타인 해방 기구와 그 구성 단체들이 이스라엘 땅을 겨냥한 공격 기지로 요르단 영토를 활용하는 데에 위협을 느꼈다. 1970년 9월, 요르단은 자국 내 팔레스타인 해방 기구의 존재에 대응 행동을 하기로 결정하고, 무자비한 군사 작전을 펼쳤다. 결국 팔레스타인 해방 기구는 본부를 베이루트와 레바논 남부로 옮길 수밖에 없었다. 레바논 남부에서는 세계 각지에서 온 지원자들이 여러 팔레스타인 단체에 합류해 게릴라 훈련을 받았다. 1978년에 이르면, 적들이 8년 동안이나 게릴라 훈련 경험을 쌓은 것이 썩 마음에 들지 않았던 이스라엘은 리타니 작전을 개시했다. 이스라엘-레바논 국경에서 30킬로미터 떨어진 강의 이름을 딴 작전이었다.

이스라엘은 리타니강까지 레바논 남부 지역을 점령하고, 1975년 이래 격렬하게 지속되는 레바논 내전에 직접 개입했다. 레바논에서는 수니파 무슬림 민병대와 좌파 단체, 팔랑헤당원이라 부르는 우익 마론파 기독교도, 아말이라고 부르는 시아파 전사 집단(헤즈볼라Hezbollah의 전신)이 국가 지배권을 놓고 싸웠다. 팔레스타인 해방 기구와 시리아는 이미 한쪽 편을 들고 있었다. 이후 등장한 세력 질서에서 팔레스타인 해방 기구와 마론파 팔랑헤당이 경쟁 진영이었다. 레바논 남부를 침공하기로 결정했을 때, 이스라엘은 레바논군 장교였던 사드 하다드가 지휘하는 마론파 남레바논군 편을 들었다. 레바논 남부의 마론파와 시아파 공동체에서 집결한 병사들로 이뤄진 군대였다.

남레바논군은 사실상 이스라엘을 대신해서 레바논 남부

를 운영하면서, 팔레스타인 해방 기구를 대체하는 무장 세력이 되었다. 하지만 팔레스타인 해방 기구는 투쟁을 계속했고, 1981년에 이르러 레바논과 이스라엘 국경이 다시 한 번 전쟁터가 되었다. 그래도 미국의 중재를 통해, 1982년 초 양쪽이 휴전에 합의했다. 하지만 휴전은 오래 지속되지 않았다. 불과 몇 달 만에 이스라엘이 휴전 조건을 어기게 된다.

팔레스타인인들을 겨냥한 샤론의 전쟁, 1981-1982

전쟁 재발은 메나헴 베긴(Menachem Begin)이 이끄는 우파 정부(1977-1983)가 임명한 야심찬 신임 국방 장관 아리엘 샤론이 결정한 결과였다. 그는 공식적이든 비공식적이든 간에 요르단강 서안과 가자 지구를 병합하는 데 집착했다. 앞서 살펴보았듯, 그가 팔레스타인인과 충돌한 것은 처음이 아니다. 1953년, 그가 이끈 101부대는 악명 높은 키비아 학살을 자행했다. 이스라엘 남부 지역 총사령관 시절에는 1968년에서 1970년 사이에 저항 활동을 벌인 가자 시구의 팔레스타인인을 상대로 무자비한 탄압 공세를 벌였다.

그는 대체로 이스라엘 노동당과 연결된 지역에서 승승장구했지만, 1977년 메나헴 베긴을 도와 중요한 우파 정치 블록인 리쿠드당(Likud)을 창설하면서 대이스라엘 창건, 즉 요르단강 서안과 가자 지구 병합을 주창했다.

국방 장관이 되기 전에도 이전 정부의 직책을 거치면서 요르단강 서안의 유대인 정착촌 확대를 적극적으로 주도했다. 국방부에 들어가서는 군정을 민간 행정으로 대체하면서, 1981년 요르단강 서안과 가자 지구에서도 민정을 실시했다. 이스라엘이 운영한 민정은 점령지의 준정부 역할을 했다. 이로써 이스라엘은 병합으로 가는 길에서 한 걸음을 더 내디뎠다. 사실상 민정은 팔레스타인인들의 삶을 한층 비참하게 만들면서, 군사 억압의 모욕에 더해 적대적인 관료제의 괴롭힘까지 안겨주었다. 요르단강 서안이나 가자 지구에 사는 팔레스타인인은 민정 당국에서 필요한 허가증을 받지 않으면 이사나 취직, 대학 진학을 하지 못했고, 병원도 다니지 못했다.

검문소에서 이런 허가증을 확인했다. 이 과정은 팔레스타인인들의 일상생활에서 골칫거리가 되었다. 실제로 군인들은 팔레스타인인을 괴롭히고 학대하고 박해했다. 이스라엘 보안 기관은 검문소를 활용해서, 팔레스타인인에게 정보원으로 협조하지 않으면 필요한 허가증을 내주지 않겠다고 압력을 행사했다.

점령지의 팔레스타인 지도부는 1978년 민족위원회(Lajnat al-Tawjih, 아랍어로 '지도위원회'라는 뜻)를 창설하는 식으로 대응했다. 민족위원회는 비폭력적 수단으로 점령을 종식하고자 했지만, 지도자들이 이스라엘군에 검거되고 유대인 정착민의 공격을 받았다.

샤론은 여기에 만족하지 않았다. 그는 우선 '마을연맹Villages' League'이라는 이름으로 이스라엘에 충성하는 대안적 팔레스타인 지도부를 세우려고 시도했으나, 실패로 돌아갔다. 당시 요르단강 서안과 가자 지구의 지도부는 두 국가 해법을 논의하려는 의지를 갖고 난민의 귀환을 요구하는 팔레스타인 해방 기구를 팔레스타인인의 유일한 대표자로 여기며 충성했다.

팔레스타인 해방 기구 본부는 당시 레바논에 있었다. 이스라엘이 1978년 레바논 남부를 점령했지만, 팔레스타인 해방 기구는 팔레스타인인들이 어디에 있든 간에 그들의 정치에 강한 영향력을 행사했다. 샤론은 팔레스타인 해방 기구의 영향력 때문에 대안적 팔레스타인 지도부를 양성할 수 없다고 판단했다.

샤론은 레바논의 팔레스타인 해방 기구를 파괴할 뿐만 아니라 레바논에 친이스라엘 정부를 세우기 위한 구실을 찾고 있었다. 1982년 6월 4일, 팔레스타인 해방 기구에 속하지 않은 아부 니달(Abu Nidal) 그룹이 런던 주재 이스라엘 대사 슐로모 아르고브(Shlomo Argov)의 암살을 시도하면서 기회가 생겼다. 이틀 뒤 이스라엘은 이른바 갈릴리 평화 작전, 즉 1차 레바논 전쟁을 개시했다. 팔레스타인의 저항을 끝장내기 위해 샤론이 던진 승부수였다. 하지만 이 시도는 실패로 돌아갔다.

이스라엘군은 수도 베이루트를 포함해 레바논의 상당 부분을 점령할 수 있었다. 이 과정에서 우익 마론파 민병대인 팔랑헤당이 힘을 보탰는데, 그들은 샤론의 도움을 받아 레바논에서 더 많은 권력을 확보하려는 속셈이었다. 그리고 이 민병대의 사령관 바시르 제마옐(Bashir Gemayel)은 이스라엘을 등에 업고, 이스라엘과 평화를 이루겠다는 공약을 내걸어 대통령에 당선되었으며, 잠깐이나마 집권했다. 또한 이 동맹 덕분에 팔랑헤당은 1982년 9월 사브라와 샤틸라 두 난민촌에서 팔레스타인인 수천 명을 학살할 수 있었다.

이스라엘군은 베이루트를 포위하고 끊임없이 포격을 퍼부었다. 야세르 아라파트(Yasser Arafat)가 이끄는 팔레스타인 해방 기구는 이에 굴복하고 본부를 튀니스로 옮기는 데 동의했다. 그들은 1982년 9월 레바논을 떠났다. 이스라엘군은 베이루트에서 레바논 남부로 철수했다.

그때 그곳에서 이스라엘의 레바논 남부 점령에 맞서는 새로운 저항 투쟁이 시작되었다. 새로운 시아파 단체인 헤즈볼라가 이끄는 투쟁이었다. 오랜 게릴라전 끝에 2000년 헤즈볼라는 이스라엘군이 레바논에서 완전히 철수하게 만들었다.

튀니스로 쫓겨난 뒤 무력해진 팔레스타인 해방 기구는 팔레스타인 해방을 위해 계속 싸울 수 없었다. 좋지 않은 상황을 어떻게든 극복하려는 시도 속에 팔레스타인 해방 기구는—신뢰하기 힘든 왕국인—요르단과 긴밀하게 협력하면서, 미국의 평화 시도의 일원이 되기로 결정했다. 하지만 이스라엘은 상대가 요르단이든 팔레스타인 해방 기구든 점령지의 미래에 관한 합의에 도달하려는 생각이 없었다.

12. 두 차례 인티파다 사이, 1987-2000

1987년에 이르러 점령지의 팔레스타인인들은 무려 20년 동안 강제 추방과 체포, 아무 설명도 없이 무작정 잡아두는 구금과 학대가 일상이 되면서 질린 상태였다. 호되게 공격을 당해 움츠러든 팔레스타인 해방 기구가 해방 투쟁에서 자신들을 이끌어주기를 마냥 기다릴 수는 없었다. 1987년 12월, 이스라엘 트럭이 가자 지구에서 민간인 자동차와 충돌하는 사고가 난 뒤 1차 인티파다(intifada. 아랍어로 '봉기') 가 폭발했다. 주로 비폭력 항의 운동이 진행되면서, 팔레스타인인들이 마을과 동네를 통제하고 잠시 동안 연대와 자급자족 기본 원리에 따라 운영했다. 이스라엘군은 전력을 동원해 대응했다. 당시 국방 장관 이츠하크 라빈은 악명 높게도 병사들에게 시위자들의 "뼈를 부러뜨리라"고 명령했다. 이스라엘 내의 팔레스타인인들도 봉기에 연대하는 시위를 광범위하게 벌였다.

봉기는 1993년까지 계속되었다. 이스라엘은 팔레스타인인 1천여 명을 살해하고, 재판 없는 구금을 일삼았으며, 집단 처벌 조치를 가했다. 주택 파괴, 통행금지, 학교 폐쇄, 추방 등이 횡행했다.

1990년대 초, 사담 후세인(Saddam Hussein)이 쿠웨이트를 침공한 뒤 상황이 다소 복잡해졌다. 팔레스타인 해방 기구 의장 야세르 아라파트는 사담을 지지하기로 결정한 반면, 대다수 아랍 세계는 침공을 비난했다. 팔레스타인 해방 기구는 이런 결정의 결과로 국제 무대에서 한층 고립되었다. 또한 수십 년 동안 누리던 주요 초강대국의 지원을 상실했는데, 소련이 붕괴하고 러시아가 내부 위기에 빠져들었기 때문이다.

하지만 1차 걸프전에도 한 가닥 희망이 빛이 보였다. 미국은 이라크의 쿠웨이트 침공에 대응해서, 국제적 군사 동맹을 결성해 이라크군을 쿠웨이트에서 밀어내려고 했다. 아랍 나라들은 미국이 팔레스타인 문제의 해법을 추구하는 국제 회의를 소집하는 조건으로 동맹에 참여하는 데 동의했다.

팔레스타인인들은 이전의 시도보다 이 회의에 많은 기대를 걸었다. 이번에는 팔레스타인의 미래에 관한 교섭에 자신들도 참여하게 될 것이었기 때문이다. 쿠웨이트 침공 전인 1980년대 말에도 미국은 튀니스의 팔레스타인 해방 기구와 직접 교섭을 개시할 의지를 보였다. 이 기구와 지도자가 팍스아메리카나의 일원이 되는 데 열의를 보였기 때문이다. 미국은 아라파트가 이스라엘을 인정하고 무장 투쟁, 또는 미국과 이스라엘의 표현으로는 테러리즘을 포기할 준비가 되어 있음을 간파했다. 미국인들이 예측하지 못한 부분은 이런 극적인 조치로도 이스라엘이 요르단강 서안과 대예루살렘 식민화를 중단하도록 설득하지 못한다는 점이었다. 또한 이스라엘은 두 국가 해법을 위해 어떤 진지한 교섭도 할 생각이 없었다. 리쿠드당이나 노동당 어느 쪽이 집권하든, 이스라엘 정부는 1948년과 1967년 전쟁에서 획득한 영토를 포기할 마음이 없었다. 이스라엘은 사실상 역사적 팔레스타인 전부를 장악하고 팔레스타인인 수백만 명을 고향에서 쫓아낸 상태였다. 역대 이스라엘 행정부에게 이는 유대 국가의 으뜸가는 업적이었다.

마드리드 회담, 1991

그리하여 미국과 소멸을 앞둔 소련은 팔레스타인 해방 기구의 유화적 태도에 힘입어, 1991년 10월 말 마드리드에서 평화 회담을 소집했다.

미국은 이스라엘에 회담 참여를 강요했다. 이런 식의 압력은 미국이 새로운 접근법을 구사한다는 것을 보여주는 전형적인 신호였다. 미국은 비타협적인 총리인 이츠하크 샤미르(Yitzhak Shamir)와 대면했다. 이스라엘 연립 정부(1984-1988)가 해체된 뒤 리쿠드당 정부를 이끄는 총리였다. 이스라엘은 팔레스타인 해방 기구가 공식적으로 참석하지 않는다는 조건으로 참가에 동의했다. 이런 황당한 입장을 곱씹어볼 필요가 있다. 이스라엘은 팔레스타인인들과 교섭할 필요가 없을 때에만 참석한다는 뜻이었다. 결국 타협이 이루어졌다. 팔레스타인의 두 대표단이 마드리드에 도착했다. 한쪽은 요르단강 서안과 가자 지구를 대표하는, 요르단 공식 대표단의 일부였다. 튀니스에서 온 다른 대표단, 팔레스타인 해방 기구를 대표하는 이들에겐 공식적인 역할이 전혀 없었다.

첫번째 대표단의 성원들은 회담을 꼼꼼하게 준비했다. 가자 지구의 하이다르 압델 샤피(Haidar Abdel Shafi), 예루살렘의 파이살 후세이니(Faysal Husayni), 라말라의 하난 아슈라위(Hanan Ashrawi) 등이 주요 인물이었다. 그들 뒤에서는 팔레스타인 전문가들로 이루어진 팀 타와킴(Tawaqim)이 예루살렘 오리엔트 하우스에서 열심히 일하면서, 요르단강 서안과 가자 지구의 독립 팔레스타인 국가를 위한 기본 구조를 계획했다.

오리엔트 하우스는 예루살렘에서 가장 유력한 명문가인 후세이니 가문의 재산이었다. 1967년 육일 전쟁 이후 이곳은 팔레스타인 민족 운동의 비공식 본부가 되어, 걸핏하면 이스라엘 정부의 탄압을 받았다. 한 예로, 1988년에는 완전히 폐쇄되기도 했다. 하지만 후세이니가는 계속해서 팔레스타인 민족 운동을 지원하면서 이런 팀을 소집했다. 그들이 짠 계획은 진정한 두 국가 해법을 위한 정치적·사회적 토대를 닦았다. 이스라엘이 당시에 타협할 준비가 되었더라면, 실행 가능한 해법으로 두 국가가 발전했을 것이다.

하지만 미국 국무부가 팔레스타인 대표단이 내놓은 구상을 인상적이라고 평한 것과 상관없이, 이스라엘은 이를 전면 거부했다. 예루살렘을 근거지로 한 팔레스타인 팀이 내놓은 작업을 거부한 것은 이스라엘만이 아니었다. 튀니스의 팔레스타인 해방 기구 지도부도 팔레스타인인들의 유일한 정치적 대표자라는 지반을 상실하고 있다고 우려했다. 그리하여 이스라엘과 팔레스타인 해방 기구는 뒤로 빠져서 자기들끼리 대화를 이어 나갔다. 마드리드 평화 회담은 결국 완전한 실패로 끝났다. 분쟁을 낳은 실제 원인들을 무시하는, '분쟁 해결' 패러다임이 지배한 탓이었다. 이를 상징적으로 보여준 상황은 다툼의 두 핵심인 예루살렘의 지위와 난민 귀환권에 관한 논의를 무기한 연기하기로 한 결정이다.

오슬로 I 협정, 1993

1992년, 이츠하크 라빈이 이끄는 노동당이 이스라엘에서 다시 집권했다. 처음에 라빈의 우선 과제는 팔레스타인이 아니었다. 시리아와 평화를 이루는 데 더 관심이 많았기 때문이다. 라빈은 우선 시리아와 평화를 이루고 나서야 팔레스타인인들과 평화를 이루는 길을 닦을 수 있다고 생각했다.

그의 영원한 숙적인 외무 장관 시몬 페레스(Shimon Peres)는 차관인 요시 베일린(Yossi Beilin)의 도움을 받아 팔레스타인 트랙을 먼저 시도하는 쪽을 선택했다. 두 사람은 튀니스의 팔레스타인 해방 기구가 오리엔트 하우스를 기반으로 한 팔레스타인 지도부만큼 불굴의 용기가 없으며, 따라서 양보하려는 의지가 한층 높다고 정확하게 평가했다. 그리하여 페레스는 총리가 알지 못하는 가운데 튀니스의 팔레스타인 해방 기구와 직접 교섭을 시작했다.

이스라엘 노동당은 팔레스타인 해방 기구와 마찬가지로 노르웨이 노동당 및 노동조합과 실질적인 우호 관계에 있었다. 그리하여 원래 노르웨이 노동조합 총연맹(NCTU)이 설립한 비영리 연구소 파포(Fafo)가 자연스럽게 중재자로 선택되었다.

파포의 과거 기록과 철학은 이스라엘에 아주 잘 맞았다. 그들은 서구 사회 과학을 지배하는 여러 분쟁 관리 이론에 의지했다. 간단히 말해, 이런 이론은 분쟁을 힘의 불균형이라는 측면에서 바라보면서 어느 쪽이 더 강한지를 파악하고자 했다. 이스라엘-팔레스타인 분쟁에서는 당연히 이스라엘이 강한 쪽이었다. 중재자는 강자 쪽에서 최선의 제안을 얻어낸 다음, 약자 쪽에 이를 수용하도록 압박하는 역할을 했다. 이런 틀에서는 약자의 요구가 전혀 중요하지 않다. 약자는 강자가 내미는 쪼가리를 무엇이든 받아들여야만 한다. 이런 '협상'을 떠받치는 것은 강자가 제시하는 조건이 당면한 현실에서 충분한 개선이라는 가정이었다. 약자의 역할은 이 조건이 자신이 실제로 원하는 바에 아무리 미치지 못하더라도 기꺼이 받아들이는 것이었다.

사실상 바로 이런 가정이 1993년 9월 13일 백악관 잔디밭에서 조인된 오슬로I 협정을 이끈 기본 틀이었다. 이제 구소련이라는 뒷배를 잃고, 일부 아랍 나라들에서는 아라파트가 이라크의 쿠웨이트 침공을 지지한다고 비난받고, 점령지에서는 대안적인 팔레스타인 지도부가 부상했음을 의식한, 무기력한 팔레스타인 해방 기구는 이스라엘이 강권하는 내용을 서류상으로 받아들이는 데 동의했다.

이스라엘은 요르단강 서안의 약 40퍼센트에 대한 직접 통제를 포기하고, 오슬로I 협정에서 탄생한 새 기구인 팔레스타인 자치 정부(Palestinian Authority)가 팔레스타인인들의 국내 문제를 관리하도록 허용할 심산이었다. 그러려면, 팔레스타인 자치 정부는 점령에 대한 일체의 저항을 감시하고 진압하는 이스라엘군 및 비밀 기관과 협력하는 데 동의해야 했다. 옛 팔레스타인 해방 기구는 새로운 팔레스타인 자치 정부로 변신했고, 팔레스타인 해방 기구 지도자 야세르 아라파트는 자치 정부 대통령이 되었다. 또한 협정에 따라, 새로운 기관인 팔레스타인 입법 평의회가 자치 정부의 의회로 만들어졌다. 이는 팔레스타인 해방 기구의 주요 의사 결정 기구인 팔레스타인 민족 평의회와 나란히 운영될 예정이었다. 대부분 저항의 배후에서 작동한 팔레스타인 해방 기구의 이중성 때문에, 팔레스타인이 분명하게 통일된 전략을 발전시키는 데 애를 먹었다. 팔레스타인 해방 기구의 일원이던 저항의 핵심 인물과 조직 들 중 일부는 오슬로I 협정을 거부하고, 팔레스타인 자치 정부에 참여하기를 거절했다. 흥미롭게도 좌파 단체들은 자치 정부에 참여했다. 이는 그때까지 폭넓은 세속적 좌파 지도부가 지배하던 팔레스타인 저항의 핵심적 전환점이 되었다. 정치적 이슬람 단체인 하마스와 팔레스타인 이슬람 지하드는 팔레스타인 자치 정부에 참여하지 않았고, 팔레스타인 해방 기구의 깃발 아래 스스로 조직을 이루는 것도 거부했다. 그들은 오슬로I 협정을 받아들이지 않았다. 저항 운동은 이제 뚜렷하게 분열되었다.

지금은, 물론 서방의 많은 이들이 볼 때, 특히 하마스가 팔레스타인 저항과 사실상 동의어나 마찬가지다. 하마스가 그렇게 두드러지게 부상한 사정을 설명하기 위해, 그 기원을 검토해보자. 하마스는 '이슬람 저항'이라는 아랍어(Harakat al-Muqawama al-Islamiya)의 약자로, 1928년 이집트에서 창건된 무슬림 형제단의 팔레스타인 지부에서 성장했다. 이와 같은 운동은 두 차례 세계대전 사이의 두 가지 주요한 상황 전개, 즉 서방 열강이 계속해서 너무 많은 문화적·경제적 영향력을 행사한다는 깨달음과 세속적 민족 운동으로는 진정한 독립을 이루지도, 빈곤과 실업, 열악한 주거 등의 산적한 문제를 해결하지도 못한다는 현실 인식에 대한 대응으로 등장했다. 카리스마적인 교사 하산 알반나(Hassan al-Banna)는 이런 문제를 해결하는 최선의 길은 이슬람 부흥이라고 노동자들을 설득했다. 이집트에서 무슬림 형제단은 처음에 학교 교육이나 보건 의료 같은 사회 서비스를 제공하는 데 집중했다. 하지만 많은 지지자들에게 형제단은 샤리아 법을 시행하는 이슬람 국가를 위한 정치적 미래상으로 변모했다. 이는 너무 많은 이들을 굶주림과 실업 상태에 방치하는 듯 보이는 서방 국가 모델에 대한 반동이었다.

가자 지구의 무슬림 형제단 지부 또한 이 두 경향을 두루 아울렀다. 독실한 신앙에서 연대를 찾는 이들과 팔레스타인 해방은 이슬람을 기반으로해서만 쟁취할 수 있다고 생각하는 이들이 연합했다.

가자와 요르단강 서안을 점령한 뒤, 이스라엘 당국은 무슬림 형제단에 대해 긍정적인 태도를 보였다. 무슬림 형제단이 팔레스타인인들 사이를 이간질함으로써, 당시 점령지와 팔레스타인 전체를 해방하려고 적극적으로 활동하는 세속적 파타 운동을 약화할 수 있다고 여겼기 때문이었다. 따라서 이스라엘은 무슬림 형제단이 가자 지구에서 영향력을 확보하도록 내버려두었다.

1차 인티파다가 발발한 직후인 1987년 12월, 무슬림 형제단은 무장 집단을 설립하기로 결정했다. 오늘날 우리 모두가 아는 하마스가 탄생한 것이다. 하마스 지도자인 셰이크 아메드 야신(Ahmed Yassin)은 팔레스타인에서 이슬람 국가를 세우고 이스라엘에 맞서 싸워야 한다고 공공연하게 호소했다. 이는 1988년 하마스 헌장에 등장하는 원칙이 되었다. 하지만 이스라엘 입장에서 하마스는 여전히 저항 운동의 세속적 좌파 세력에 맞서는 유용한 균형추였다. 이스라엘이 비밀리에 하마스를 지원한 역사는 오늘날 하마스가 ISIS나 마찬가지라는 역사적 선언과 극명한 대조를 이룬다.

팔레스타인 이슬람 지하드 또한 무슬림 형제단 운동에서 탄생했지만, 이란 이슬람 혁명에 고무되어 더 일찍, 1981년에 창립되었다. 이슬람 지하드는 지금도 이란 이슬람 공화국과 밀접하게 연결되어 있다.

두 운동 모두 군사 부문과 정치 부문을 양 날개로 두었다. 서방의 많은 나라들은 두 운동 모두 공식적으로 테러 단체로 간주한다. 하지만 서방의 비난에도 아랑곳하지 않고, 두 운동은 팔레스타인의 반식민 해방 운동의 일부로 남아 있다.

오슬로II : 새로운 종류의 점령

1995년 9월, 오슬로 협정에 담긴 모호한 원칙들이 좀더

상세한 오슬로II 협정으로 전환되었다.

이스라엘과 이집트 국경 근처인 타바에서 조인된 협정은 관심 있는 시청자들에게 생방송으로 중계되었다. 그리하여 이집트 대통령이 말 그대로 아라파트의 등을 떠밀어 협정에 서명하게 만드는 순간을 수백만 명이 목격했다. 앞으로 살펴보겠지만, 아라파트로서는 망설일 만한 이유가 충분했다.

이스라엘은 공공연하게 확인하기를 거부하면서도, 오슬로 협정에 따라 자치를 하게 되는 팔레스타인 지역이 하나의 국가가 될 수 있다고 암시했다. 하지만 그 국가가 어떤 형태를 띠든, 이스라엘의 협조와 전반적인 통제 없이는 기능할 수 없는 게 분명했다. 오슬로II 협정에서 팔레스타인인들에게 할당된 지역은 A지역으로 규정되었다. 여기에는 요르단강 서안의 인구가 조밀한 부분들이 포함되었지만, 면적으로 따지면 서안 전체의 18퍼센트에 불과했다.

오슬로 협정은 다른 두 지역도 규정했다. B지역은 이스라엘과 팔레스타인 자치 정부가 공식적으로 권력을 공유하는 곳이지만, 물론 이스라엘이 사실상의 통치자였다. 그리고 C지역은 이스라엘 유대인 정착민 대다수가 거주하는 곳이었다. 팔레스타인인들은 C지역 출입이 제한되었다. 가자 지구는 성격이 규정되지 않았지만, B지역과 비슷한 방식으로 운영되었다.

팔레스타인인들에게는 요르단강 서안의 라말라가 수도로 주어졌고, 팔레스타인 난민 문제에 관한 실질적인 논의는 전혀 없었다. 이스라엘은 팔레스타인이 '선량한 행동'을 하면 보상으로 예루살렘과 정착촌 문제를 향후에 논의하겠다고, 입에 발린 말을 했다.

처음에 적어도 팔레스타인 해방 기구의 관점에서는, 이는 충분히 공정한 듯 보였다. 아라파트를 포함한 지도자들은 팔레스타인에 돌아와서, 미래 팔레스타인 국가의 토대가 될 팔레스타인 기관들을 설립하도록 허용받았다. 아라파트를 포함한 일부 지도자들이 내부에서 해방을 위한 투쟁을 계속하리라는 기대를 할 수도 있었다.

1995년 11월까지 팔레스타인 지도부를 비롯한 많은 팔레스타인 보통 사람들은 오슬로II를 좋은 출발점―이자 나중에 개선될 수 있는 합의―으로 받아들였다. 하지만 현지에서 전개된 상황을 보면, 팔레스타인인들에게 추가로 어떤 양보도 있을 것 같지 않았다. 결국 오슬로II는 점령지에서 이전보다 훨씬 나쁜 현실을 낳았다.

정착촌 문제가 해결되지 않으면서, 결국 유대인 정착민들이 전례없는 폭력 사태를 일으켰다. 오슬로 평화 과정 전체에 반대하는 팔레스타인의 저항 파벌들은 이스라엘 버스와 쇼핑몰 등 민간 표적을 공격하며 대응했다. 그러자 이스라엘군은 팔레스타인 주민들을 집단 처벌하게 된다. 오슬로는 폭력의 악순환을 유발한 듯 보였다. 어떤 평화도 가져오지 못하는 것 같았다.

더욱이 이스라엘의 우파는 오슬로 협정에 격렬하게 반발하면서, 팔레스타인인에게 어떤 양보도 하려 하지 않았다. 오슬로II 협정이 조인되고 불과 두 달 뒤인 1995년 11월, 이스라엘 총리 이츠하크 라빈이 암살당했다. 이제 이스라엘 정치 전반이 급속하게 오른쪽으로 기울었다.

노동당에서 라빈의 자연스러운 후계자인 시몬 페레스는 이후 몇 차례 치러진 선거에서 승리할 수 없었다. 극우파 유대인의 잔인한 테러 공격만으로는 이스라엘이 우경화하는 것을 막지 못했다.

그리하여 우파 리쿠드당의 지도자 베냐민 네타냐후가 처음으로 이스라엘 총리로 당선되었다. 이후 여러 차례 반복되는 당선의 서막이었다. 네타냐후는 오슬로 협정을 존중

하겠다고 공언했지만, 실제로 그의 정부는 팔레스타인인들에 대해 한층 억압적인 조치를 시행했다. A지역과 B, C지역 사이, 가자 지구의 북부와 남부 사이, 이스라엘 점령지들 사이에 검문소가 수백 곳 세워졌다.

앞서 살펴보았듯, 이 검문소들은 팔레스타인인을 일상적으로 모욕하는 장소였다. 이스라엘군은 팔레스타인인의 기본권을 극악하게 침해하고 아무 이유도 없이 민간인을 학대하는 데 거리낌이 없었다. 긴장이 고조된 시기에, 인권 단체들은 임신부가 병원까지 가지 못해 검문소 근처에서 아기를 낳고 응급 환자가 같은 이유로 사망한 사례들을 보고했다. 정상적인 생활이 불가능했다. 학교나 직장에 가거나 집으로 돌아와 저녁을 먹는 일이 모두 그날 검문소에서 근무하는 병사들의 기분에 좌우되었다. 1996년, 네타냐후 행정부는 가자 지구 주변에 철조망 펜스를 세웠다. 이제 가자 지구 전체가 교도소나 마찬가지였다.

더욱이 새로운 리쿠드당 정부는 대예루살렘 지역의 유대화를 강화하면서, 유대인 정착민들이 팔레스타인인의 재산을 빼앗도록 공공연하게 허용했다. 정부는 반강제로 예루살렘의 팔레스타인인들을 요르단강 시인으로 이주시키기 위한 구실을 날조했고, 원래 C지역의 일부가 아닌 예루살렘의 특정한 동네들을 '요르단강 서안 마을'로 지정해서 결국 C지역으로 편입시켰다.

어떤 식으로 저항을 하든 잔인한 집단 처벌이 가해졌다. 네타냐후 임기 초기, 이스라엘이 예루살렘 서쪽 벽을 따라 터널을 판 뒤, 요르단강 서안과 가자 지구 양쪽에서 팔레스타인인의 대규모 시위가 벌어졌다. 시위 과정에서 팔레스타인인 59명이 살해되었다. 상황이 위기로 치닫고 있음을 깨달은 미국은 '평화 과정'을 재개하려고 시도했다. 1998년 미국은 네타냐후와 아라파트를 화해시키려고 했다.

1998년 메릴랜드주에서 아라파트와 네타냐후는 와이강 각서(Wye River Memorandum)에 서명했다. 하지만 이 협정은 실행되지 않는다. 현실에서 완전히 동떨어진 협정이었다. 협정은 C지역의 좁은 일부와 B지역의 훨씬 좁은 일부를 A지역으로 전환하는 대가로, 팔레스타인인들이 점령에 대한 일체의 저항을 포기하기를 원했다. 이스라엘은 이런 맞교환조차 지나치게 관대하다고 생각했다. 이스라엘이 직접 통치하는 C지역은 당시 요르단강 서안의 70퍼센트 이상이었다. 지금도 거의 바뀌지 않았다.

요르단강 서안의 상업적 수도인 헤브론시의 미래에 관해 더 제한된 협정이 체결됐지만, 이 또한 실현되지 않았다. 헤브론을 놓고 왜 그토록 많은 논쟁이 벌어졌는지를 이해하려면, 유대인들이 요르단강 서안을 식민화하게 만든 경쟁하는 두 이데올로기, 특히 구시 에무님 소속 메시아적 시온주의자들로 거슬러올라갈 필요가 있다.

앞서 살펴보았듯, 유대인의 요르단강 서안 식민화를 위한 지도는 두 가지였다. 노동당이 제안한 지도는 팔레스타인인 인구 밀도가 높은 지역에 정착하는 상황을 피했고, 새로운 메시아 운동인 구시 에무님이 준비한 지도는 팔레스타인 인구가 가장 많은 지역에 정착하는 것을 목표로 삼았다. 그곳이 구약 성서에서 중요한 장소들이었기 때문이다. 헤브론에서는 두 지도가 쌍을 이뤄 작동했다. 헤브론 바로 옆에 노동당 정부는 신도시 키르야트 아르바(Kiryat Arba)를 세웠고, 여러 주민 가운데서도 랍비 메이르 카하네(Meir Kahane)의 제자들을 초청했다. 카하네는 팔레스타인인들을 이스라엘과 점령지에서 전부 쫓아내라고 요구하며 인기를 얻은 미국 유대인이었다. 헤브론 구시가에는 한 메시아주의 집단이 정착했다. 키르야트 아르바의 열성분자들이 돕는 가운데, 그들은 헤브론 심장부로 존재를 확장했다. 그들이 노골적인 침략과 폭력을 구사하는 공개 정책을 통해 새로운 동네로 이주하는 동안, 군대는 눈을 감고 고개를 돌렸다. 이로써 구시가가 거의 완전히 탈아랍화했다. 용감한 팔레스타인인 소수만이 남아 있지만, 정착민들에게 끊임없이 시달리는 처지다. 국제 사회는 도시의 급속한 악화에 경각심을 느끼면서, 새로운 협정을 중재하려 했다.

1997년 1월, 유엔은 이스라엘과 팔레스타인이 헤브론 재배치에 관한 의정서(Protocol Concerning the Redeployment in Hebron)에 서명하게 만들었다. 하지만 협정은 비준되지 않았다. 협정은 헤브론을 두 지역으로 나누었다. H1은 팔레스타인 지역으로 도시의 80퍼센트였고, H2는 유대인 지역이었다. 하지만 H2에도 팔레스타인인들이 살았다. 협정은 비군사적 국제 군대가 상황을 감시하면서 팔레스타인인들을 보호할 것이라고 약속했다. 이 군대는 잠시 동안만 운영되었다. 이스라엘이 나중에 헤브론에서 철수를 강제했기 때문이다. 팔레스타인인들은 일사불란한 위협과 괴롭힘 공세에 직면한 채 무방비 상태로 남았고, 이런 상황은 지금도 계속된다. 구시가는 방치된 교전 지구처럼 보인다.

새로 생겨난 팔레스타인 자치 정부는 이 시기에 무엇을 했을까? 이론상 자치 정부는 무장 경찰력을 운영할 수 있었지만, 효과적으로 개입할 역량은 전혀 없었다. 자치 정부 자체는 제대로 된 정부로 변신하려고 노력하면서, 이따금 선거를 고려하고 진정한 국가 기관을 설립하기도 했다. 하지만 헤브론을 비롯한 여러 곳에서 소요가 일면서, 자치 정부가 근본적으로 무력하다는 사실이 드러났다. 자치 정부는 완전히 민주적이지 못했고, 부패도 상당했다. 그리하여 팔레스타인인의 미래는 이스라엘에 달려 있었다. 또한 이스라엘의 잔인한 정책에 저항하는 능력에도 달려 있었다.

1999년, 베냐민 네타냐후는 총리 재선에 도전했다가 패배했다. 에후드 바라크(Ehud Barak)가 이끄는 노동당이 다시 집권했다.

13. 2차 인티파다, 2000

총리실에 입성한 에후드 바라크는 오슬로 협정을 성공적 결말로 이끌길 바랐다. 다행히 운이 좋았다. 임기를 마치고 물러나는 미국 대통령 빌 클린턴은 인턴 모니카 르윈스키와의 성적 관계 말고 다른 업적으로 기억되기를 필사적으로 원했다.

클린턴과 바라크가 압력을 가하는 가운데, 2000년 여름 야세르 아라파트는 어쩔 수 없이 미국 대통령의 전용 별장인 캠프 데이비드에서 열린 정상 회담에 참가했다. 무척 기묘한 만남이었다. 오슬로 협정을 현실적 평화로 바꾸는 데 7년 동안 실패한 끝이었으나, 클린턴과 바라크는 2주 만에 후다닥 처리하려고 했다. 두 사람은 국내에서 명성을 얻기를 바랐다. 아라파트는 참여를 거부하면 분명 전쟁광이라는 비난을 받을 상황이라는 사실을 간파했다.

정상 회담에서 아라파트는 제안된 협정을 최종 타결로 규정하려는 미국과 이스라엘의 욕심을 헤쳐 나가려고 했다. 그래서 이 협정은 임시적이며, 검문소와 정착촌을 줄이고, 이스라엘이 예루살렘과 난민 귀환권, 미래의 팔레스타인 국가 등의 골치 아픈 쟁점들을 열린 태도로 교섭하려 한다는 좋은 소식을 들고 팔레스타인에 돌아가고 싶다고 말했다. 하지만 바라크와 클린턴은 이를 용납하지 않았다. 아라파트에게 이 협정을 최종안으로 수용하라고 요청했다. 다시 말해, 실제 팔레스타인 국가는 존재하지 않을 테고, 예루살렘의 지위도 바뀌지 않으며, 난민 문제의 실질적 해법도 없음을 받아들이라고 강요했다. 훗날 팔레스타인 쪽 교섭자 중 하나가 말했듯, "가장 심한 왜곡은 바라크가 무엇이든 내놓았다는 것"이다. 아라파트는 거부했다. 예상대로 그는 곧바로 전쟁광이라는 비난을 받았다.

아라파트가 팔레스타인으로 돌아오고 불과 몇 주 뒤, 이스라엘 야당 지도자 아리엘 샤론이 무슬림의 성지 하람 알샤리프를 도발적으로 방문했다. 소요가 일어나리라 충분히 예상하고 한 행동이었다. 샤론이 성전산에서 내려오는 순간, 좌절감에 빠진 팔레스타인인들이 그에게 놀멩이 세례를 퍼부었다. 샤론은 다음과 같은 말로 불길에 기름을 부었다. "성전산은 여전히 우리 수중에 있다." 오슬로 협정이 정의를 가져다주리라는 기대가 꺾이고 샤론이 의도적으로 도발을 하면서, 2차 인티파다가 터졌다.

1차 인티파다와 달리 이번 항쟁은 한층 더 군사화한 봉기로, 이스라엘 전역으로 퍼졌다. 이스라엘의 팔레스타인계 시민 13명이 시위를 벌이다가 이스라엘군과 경찰의 총에 맞아 사망했다. 이슬람주의 저항 단체들은 이스라엘 내에서 자살 폭탄 공격을 벌이는 새로운 방식을 시도했다. 하마스가 가장 치명적인 공격을 저질렀다. 유대인들이 유월절을 기념하던 네타냐의 파크 호텔에서 폭탄을 터뜨린 것이다. 30명이 사망하고 1백40여 명이 부상을 입었다.

이스라엘은 방어 방패 작전으로 대응하면서, 사실상 요르단강 서안과 가자 지구 일부를 다시 점령했다. 이 작전은 통상적인 집단 처벌 방식보다 한결 악랄했다. 연줄이 많은 몇몇 이스라엘 언론인들은 이 대응이 그해 여름 헤즈볼라가 장악한 레바논에서 이스라엘이 굴욕적으로 철수한 사건에 대한 보상이라고 주장한다.

이스라엘은 공군을 동원해서 도시를 폭격하고, 제닌 난

민촌에 사는 사람들을 학살했으며, 라말라 군정 장관 공관이었던 무카타(Mukataa)라는 시설의 정부 회의실에 아라파트를 사실상 구금했다. 이런 탄압을 수년간 지속했다. 아라파트가 중병으로 앓아 눕고―이스라엘인들이 그에게 독극물을 먹였을 것이라는 의혹이 강하다―결국 2004년 11월 세상을 떠나고서야, 이스라엘은 탄압을 다소 완화했다.

아라파트의 후임은 그의 부관이던 마무드 아바스(Mahmoud Abbas)다. 아바스는 이스라엘이 전임자를 어떻게 다뤘는지 잘 아는 터라 신중하게 행동했다. 그는 팔레스타인 자치 정부와 이스라엘 보안 기관의 협력을 강화하고, 점령에 저항하는 수단으로 무장 투쟁을 완전히 포기했다.

처음에는 이런 노력에 보상이 있었다. 재건 사업과 교육, 복지 등을 위한 외국의 자금이 다시 들어와서, 자치 정부의 각 부처나 현지 비정부 기구에 투입되었다. 새로운 행동 방식에 어긋나는 활동을 하지 않는다는 조건이 붙었다. 자치 정부는 비정부 기구가 계속 활동을 하려면 자신의 정책을 비판해선 안 된다고 못박았다. 어쨌든 자치 정부는 서방의 눈에 점잖게 보이고 싶어했다. 하지만 정치 활동가들, 특히 하마스와 팔레스타인 이슬람 지하드의 성원들에게는 무자비했다. 그들은 자치 정부에 반대할 뿐만 아니라 점령에 맞서는 게릴라전도 계속 이어나갔기 때문이다.

14. 21세기의 이스라엘과 팔레스타인

폭력 사태가 잦아들면서, 두 가지 과정이 동시에 펼쳐졌다. 현지에서 이스라엘은 역사적 팔레스타인 전역(요르단강 서안, 가자 지구, 이스라엘 자체)에 대한 통제권을 계속 굳건히 했다. 한편 미국은 썰렁한 농담으로 전락한 '평화 과정'에 숨을 불어넣으려고 헛되이 애썼다.

아파르트헤이트 국가의 탄생

2차 인티파다 이후 몇 년간, 이스라엘은 요르단강 서안과 예루살렘 지역의 유대화를 강화했다. 또한 이스라엘 내 팔레스타인계 시민들의 권리를 점점 박탈했다. 2003년, 이스라엘 의회 크네세트는 악명 높은 국적 및 입국법 등 새로운 일련의 법을 통과시켰다. 이로써 요르단강 서안과 가자 주민들은 이스라엘 시민과 결혼을 해서 자동적으로 시민권이나 체류 허가를 받는 길이 막혔다. 이스라엘의 팔레스타인계 시민은 이제 배우자와 같이 살 수가 없었다. 이런 다수의 입법은 2018년 유대 민족 국가 기본법에서 정점에 다다르게 된다. 이 법에 따라 아랍어는 국가 공용어에서 '특수 지위'로 보호받을 뿐인 언어로 격하되었고, 예루살렘이 이스라엘 수도로 격상되었으며, 정착촌 확대가 장려되었다. 또한 해외 이주 유대인이 우선적으로 시민권을 획득했다.

2018년으로 가는 길은 많은 차별적인 법률로 닦였다. 2011년, 정부는 나크바 법을 통과시켰다. 공식 기관이 나크바를 기념하는 경우에 정부 예산을 전액 삭감하고 보호받는 지위도 박탈한다는 내용이었다. 다른 법률들은 유대인 도시와 주거 지역이 이스라엘의 팔레스타인계 시민의 출입을 허용하지 않을 권리를 소중히 받들었다. 20세기 말에 이르러 유대 민족 기금(자체적으로 토지의 13퍼센트를 소유한다) 같은 유대 기관들이 국토의 97퍼센트를 직간접적으로 소유했다. 유대 민족 기금의 헌장에서는 비유대인의 토지 거래를 허용하지 않는다. 다른 많은 기관도 공식적으로든, 비공식적으로든 비슷한 방침을 갖고 있다. 따라서 이스라엘 국가 인구의 20퍼센트 이상을 차지하는 팔레스타인인들은 대체로 토지 매입이 금지된다. 그리하여 그들은 도시나 마을을 새로 짓는 것은 고사하고, 기존 도시나 마을을 개발할 수도 없다. 반면, 유대인 정착촌은 거침없이 확대된다.

이스라엘 남부 사막 지역인 나캅(네게브)에 사는 역사적 유목민 집단인 베두인족도 비슷하게 공격적인 유대화에 직면했다. 이스라엘 국가가 창건된 뒤, 베두인족은 시야그(Siyag. 말 그대로 '울타리')라는 지역으로 밀려났고, 1950년 식생 보호법에 따라 농사와 방목, 즉 베두인족의 주요 직업이 하루아침에 범죄가 되었다. 20세기 내내 베두인족은 도시로 몰려갈 수밖에 없었고, 이스라엘 정부는 토지에 대한 그들의 권리를 전혀 인정하지 않았다. 그러자 베두인족은 국가에서 어떤 허가도 받지 않은 채 직접 마을을 건설했다. 이른바 '미승인 마을'이었다. 이스라엘은 이런 마을에 대한 철거를 공식 정책으로 밀어붙였다. 가장 악명 높은 2011년 프라베르 플랜(Prawer Plan)은 베두인족 4만에서 7만 명을 이주시키려는 계획이었다. 베두인속은 이런 도전에 직면해서 상당한 회복력을 보여준다. 아라키브(Araqib) 마을은 40차례 넘게 파괴되었다. 주민들은 매번 마을을 재건했다.

따라서 유대화는 단순히 요르단강 서안과 예루살렘에서 영토를 확보해 정착촌을 건설하는 정책이 아니다. 그것은 이스라엘 전역을 관통해 뻗어나가는 정책이다. 2000년, 팔레스타인인들은 요르단강과 지중해 사이 지역 전체 인구의 절반 정도를 차지했다. 팔레스타인인들은 수십 년 동안 쫓겨나고, 살던 지역은 게토화했으며, 의도적으로 기본권을 박탈당했다. 유대화를 위해서는 팔레스타인인이 역사적 팔레스타인 땅 어디에 살든 영원히 종속시킬 필요가 있다.

이스라엘이 한층 더 차별적인 법적 기본 구조를 구축하는 동안, 서방은 신통찮은 평화 과정을 향한 무의미한 몸짓을 했다. 아랍 연맹은 교섭의 의지가 있었다. 2002년 아랍 연맹은 아랍 평화안(Arab Peace Initiative)을 내놓았다. 이 안이 받아들여졌다면, 이스라엘은 모든 아랍 국가에서 인정을 받고 1967년 전쟁 전 국경을 기준으로 삼는 진정한 두 국가 해법이 마련되었을 것이다. 놀라운 타협을 통해 채택된 최종 문구에서는 난민의 귀환권이 언급되지 않았다. 하지만 이스라엘은 이 안을 전면 거부했고, 미국은 이스라엘의 입장을 지지했다.

이제 완전히 다른 기구가 배턴을 넘겨받았다. 1991년 마드리드 회담이 실패한 뒤 중재자로 구성된 4자회담이 그 주인공이다. 미국, 유엔, 유럽 연합, 러시아 대표로 구성된 4자회담은 야심을 대폭 줄였다. 그리하여 평화를 가로막는 주요한 걸림돌은 이스라엘의 팽창주의가 아니라 팔레스타인의 저항이라고 간주했다. 당연하게도 이런 접근법은 제대로 견인력을 얻지 못했다. 4자회담은 이에 좌절하지 않고, 새로운 협상안을 제시하려고 했다. 팔레스타인 자치 정부의 지원 아래 팔레스타인의 저항을 탄압하는 대가로 점령지에서 유대인 정착촌을 동결하고, 팔레스타인인에 대한 집단 처벌을 중단하자는 내용이었다. 이 안 역시 실패했다.

2004년 11월 아라파트가 사망한 뒤, 이런 시도들이 힘을 얻었다. 신임 대통령 마무드 아바스는 제대로 된 선거를 치를 생각이 없었다. 아마 극도로 허약한 권력 장악력마저 상실할까 우려했을 것이다. 팔레스타인 자치 정부는 정당성을 잃기 시작한 반면, 이슬람주의 운동은 점령에 맞서 무장 투쟁에 전념한 덕분에 인기를 얻었다.

특히 하마스는 지방 선거에서 엄청난 성공을 거두었다.

팔레스타인 입법부를 뽑는 총선거가 실시되면, 하마스가 최대 정당으로 부상할 것이 분명했다. 이스라엘 쪽에서도 정치가 점점 양극화했다. 2001년 이래 아리엘 샤론이 정치의 풍경을 지배했는데, 그는 리쿠드당을 떠난 뒤 한층 극단적인 카디마(Kadima)당을 창건했다.

가자 지구에서 손을 뗀 이스라엘, 2005

총리 샤론은 불안한 교착 상태를 끝장내고 싶어했다. 그에게는 몰래 감춰둔 새로운 제안이 있었다. 2003년, 샤론은 놀랍게도 가자 지구에서 8천 명에 달하는 유대인 정착민을 모두 철수시키고 이어 가자 지구의 행정에 대한 모든 책임을 포기하겠다고 제안했다. 2004년 6월, 이스라엘 정부는 이 구상을 전면적으로 실행했다. 그 결과로 가자 지구에서 폭력적 충돌이 벌어졌다.

자기 집을 포기할 생각이 없는 정착민들은 필사적으로 반격에 나섰다. 수많은 학살의 배후 인물인 아리엘 샤론은 예상을 깨고 평화 과정의 영웅으로 변모했다. 하지만 가자 철수는 팔레스타인인을 위한 행동이 아니었다. 전적으로 이기적인 행동이었을 뿐이다. 가자 지구에서 철수함으로써 샤론은 이스라엘이 요르단강 서안에서 철수할 수 없음이 '입증'되기를 기대했다. 이는 너무 많은 트라우마를 남길 터였다. 게다가 하마스가 지속적으로 저항하면서, 가자 지구의 유대인 정착민들은 샤론에게 골칫거리가 된 상태였다. 그는 가자가 하마스를 봉쇄하는 감옥이 될 수 있다고 생각했다. 그리고 이스라엘은 자국 시민의 목숨을 담보로 하지 않은 채, 외부에서부터 가자를 공격할 수 있었다.

2005년 9월 무렵 철수가 완료되었다. 대다수 국제법 전문가들은 철수를 점령 종식과 혼동해서는 안 된다고 지적한다. 현지에서 새로운 현실이 펼쳐짐에 따라, 이스라엘이 발전시키는 행태가 새로운 점령 모델임이 분명해졌다.

이스라엘은 가자 지구를 권력 공백 상태로 만들었고, 팔레스타인 자치 정부는 이 공백을 채우는 데 지지부진했다. 가자 지구를 장악하기에 으뜸가는 위치에 하마스가 있었다. 하마스가 가자 지구를 넘겨받지 못하게 막기 위해, 4자 회담은 팔레스타인 자치 정부에 점령지에서 총선을 실시해서 새로운 정부를 구성하라고 압박을 가했다. 1순위 대통령

자리를 놓고 마무드 아바스와 경쟁할 사람이 없음은 분명했다.

2006년, 선거가 치러졌다. 하마스가 44퍼센트 이상을 득표했다. 팔레스타인 자치 정부 법률에 따르면 팔레스타인 민족 평의회에서 다수를 차지하면 정부를 구성할 수 있었다. 정치 지도자 중 한 사람인 이스마엘 하니예(Ismail Haniyeh)가 이끄는 가운데 하마스는 정부를 구성했다. 하지만 이스라엘과 미국의 압력 아래, 다른 정당들은 이 정부를 인정하려 하지 않았다. 이스라엘은 하마스 입법 평의회 성원 다수와 핵심 활동가들을 체포했다. 하마스는 보복으로 이스라엘 군인 길라드 샬리트를 납치했다. 샬리트는 5년 넘게 포로로 억류된다. 서방이나 이스라엘이 자신들의 정부를 수용하지 않을 것임을 깨달은 하마스는 파타를 상대로 추악한 전쟁을 벌여 가자 지구를 무력으로 장악하기로 결정했다. 이 전쟁은 팔레스타인 해방 운동의 역사에서 오점이 된다. 이후 통합 시도가 있었지만, 실패로 끝났다. 우리는 현재 이런 맥락에서 하마스가 진화한 과정을 이해할 필요가 있다. 하마스가 민주적 선거에 참여해서 의문의 여지 없이 승리했을 때, 이른바 민주 국가들은 그 결과를 간단히 거부했다. 이는 급진화를 한층 재촉했을 뿐이다. 그렇게 되자 이스라엘은 가자 지구 전체를 포위했다. 가자 지구 주민들은 수많은 생필품을 박탈당했고, 종종 수도와 전기 이용도 제한되었다.

평화를 향한 마지막 시도, 2006-2009

이런 사태가 펼쳐지는 동안, 이스라엘-레바논 국경에서 새로운 충돌이 폭발했다. 시아파 무장 단체 헤즈볼라가 이스라엘 군인들이 레바논 영토에 진입했다고 주장하면서 그들을 납치한 것이다. 이스라엘은 2차 레바논 침공으로 응수했고, 새로운 전쟁이 시작되었다. 이스라엘은 건물 수천 채를 포격하면서, 사실상 베이루트 남부를 지도에서 지워버렸다. 헤즈볼라는 이스라엘의 방어망을 뚫으면서, 이스라엘 북부에 로켓 공격으로 피해를 입혔다. 34일 뒤, 유엔 안보리가 결의안 1701호에 동의하면서 전쟁이 끝났다. 이스라엘은 사실상 재점령한 레바논 남부에서 철수하겠다고 약속했고, 헤즈볼라는 리타니강 이북에서 철수하는 데, 즉 이스라엘-레바논 국경에서 30킬로미터 떨어진 곳으로 철수하는 데 동의했다. 하지만 양쪽 모두 약속을 지키지 않았다. 약속 이행을 감독하기 위해 임명된 유엔의 특수 부대는 결의안의 조항을 집행하는 데 무력했다.

그래도 2006년 말부터 2008년 말까지는 다른 미래를 만들 수 있다는 희망이 남아 있었다. 에후드 올메르트(Ehud Olmert) 정부가 마지막 2년을 보내는 시기였다. 올메르트는 2006년 샤론이 뇌졸중으로 쓰러진 뒤 정부를 이끌고 있었다.

올메르트는 이전에 이스라엘이 가지고 있던 비타협적 태도를 누그러뜨리면서, 아랍 연맹의 계획안을 교섭의 토대로 수용하려는 의지를 보였다. 하지만 요르단강 서안에 거대하게 세워진 유대인 정착촌 블록들을 포기할 생각은 없었다. 헤브론 남쪽 유대 사막에 다른 지역을 보상으로 제공하기는 했지만 말이다. 이 제안은 어느 정도 잠재력이 있었으나 커다란 걸림돌이 하나 있었다. 샤론이나 진보적이라는 다른 이스라엘의 전임자와 마찬가지로, 올메르트 또한 이스라엘과 나란히 진정으로 독립적인 팔레스타인 주권 국가가 존재한다는 데에는 동의하지 않았다. 이스라엘은 꼭

두각시 국가, 즉 적대적인 이웃 나라로 돌변할 가능성이 전혀 없는 국가를 원했다.

하지만 올메르트가 계속 버텼더라면, 어떤 결과가 나타났을지는 절대 알 수 없다. 2008년 부패와 뇌물 수수 혐의로 진창에 빠진 올메르트는 사임했고, 결국 수감되었다. 그의 후임자인 베냐민 네타냐후는 리쿠드당의 재집권을 이끌어냈다. 그가 내건 공약은 요르단강 서안의 유대화를 일방적으로 확대하면서 가자의 팔레스타인인들에 대한 포위를 강화하고, 이스라엘 내에서는 팔레스타인계 시민들을 겨냥한 아파르트헤이트 체제를 공고히 하는 것이었다.

네타냐후 시대, 2009-2024

2008년 오바마 대통령이 미국 대선에서 승리했을 때, 평화 과정이 다시 활력을 띨 수 있다는 일정한 기대가 생겼다. 이스라엘이 팔레스타인인들에게 내줄 수 있는 최대한의 양보를 강제하는 미국의 역할과 관련해서, 오바마는 이미 검증된, 평화 중재를 위한 미국의 공식을 따랐다. 협상이 반복될 때마다 이스라엘은 마치 팔레스타인인들에게 교훈이라도 주려는 듯 양보 수준을 낮췄다. 이스라엘은 자신의 '너그러운 양보'를 거부하는 팔레스타인인들을 '응징'하고자 했다. 2010년과 2012년, 오바마가 지휘한 회담 두 차례는 아무 성과도 없었고, 외교적 교착 상태 덕분에 이스라엘은 정착촌을 한층 확대하고 계속 팔레스타인인들을 억압했다. 요르단강 서안 정착민 자경단원들은 한층 더 호전적으로 굴었다. 주택을 태우고, 들에 불을 지르고, 나무를 뽑고, 간혹 팔레스타인인에게 부상을 입히고, 심지어 죽이기도 했다. 이스라엘군은 팔레스타인 민간인을 전혀 보호하지 않았다.

그와 동시에 네타냐후 정부는 동예루살렘을 유대화하려는 시도를 강화했다. 미국의 우파 유대인과 기독교인을 재정 기반으로 삼는 정착민 비정부 기구가 열심히 지원하는 가운데, 정부는 동예루살렘의 셰이크 자라와 실완 같은 동네에서 종족 청소를 개시했다. 이는 역사적 팔레스타인 땅에서 팔레스타인인을 제거하려는 이스라엘의 새로운 행동 모델이 되어, 2023년 10월까지 계속되었다. 종족 청소는 계속 누적되지만 규모 자체는 크지 않았고, 도시 전체를 겨냥하기보다는 동네를 표적으로 삼게 된다. 하지만 단 하루도 멈추지 않고 계속되었다.

네타냐후의 정부 장악력은 2018년과 2020년에 흔들렸고, 여러 차례 조기 선거가 치러졌다. 2021년 3월, 총선에서 그는 아주 이례적인 연합에 패배했다. 주요 정당들과 이슬람주의 정당 람(Ra'am), 비교적 온건한 정착민 정당이 뭉친 연합이었다. 연정이 집권한 시기인 2021년 5월, 가자 포위, 요르단강 서안 점령, 이스라엘 내의 아파르트헤이트를 끝장내기 위해 역사적 팔레스타인 전역에서 팔레스타인인이 11일 동안 단합된 행동에 나섰다. 승리의 가능성은 없었다. 이어진 이스라엘의 보복으로 팔레스타인인 2백60명이 살해되었다.

네타냐후는 2022년 11월 선거에서 다시 집권했다. 이번에는 극우파를 정부의 파트너로 삼아야 했다. 두 정당 오츠마 예후디트(Otzma Yehudit. 유대인의 힘)와 하지요누트 하다이트(Ha-Ziyonut Hadait. 독실한 시온주의)가 정부에 참여해서 중요한 각료직을 맡았다. 가장 중요한 자리를 맡은 이는 국가 안보 장관 이타마르 벤-그비르(Itamar Ben-Gvir)와 재무 장관 베잘렐 스모트리히(Bezalel Smotrich)였나. 두 사람을 비롯한 장관들은 1967년부터 줄곧 요르단강 서안을 유대화한 메시아적 정착민 운동 출신이었다. 이 운동은 인종주의적이고 유대인지상주의적인 새로운 세대를 낳았다. 이 장관들이 속한 세대의 유대인들은 요르단강 서안에서 팔레스타인인을 몰아내기를 바랄 뿐만 아니라, 이스라엘 내의 팔레스타인계 시민들에 대해 더욱 엄격한 아파르트헤이트를 강제하고자 했다. 벤-그비르는 2007년 인종 차별 선동으로 유죄 판결을 받은 바 있다. 그들이 이스라엘에서 추구한 이상은 신정(神政) 국가였다.

이 신정부가 처음 시행한 조치는 상대적으로 그나마 남아 있는 이스라엘 사법 제도의 독립성을 정치화하려는 시도였다. 이스라엘 사법부의 최고 기관인 대법원이 국제법을 위반하는 요르단강 서안의 식민화를 저지하지 않았고, 숱하게 많은 이의 제기에도 아랑곳하지 않고 이스라엘의 팔레스타인계 시민을 겨냥해 통과된 차별 입법의 적법성을 일관적으로 지지했다는 점을 언급해야 한다.

그럼에도 이스라엘의 세속적 유대인들이 볼 때, 대법원은 국가의 신정화에 맞서는 최후의 보루였다. 팔레스타인인 탄압 같은 성가신 일이 없다 하더라도, 그들은 신정 국가화가 LGBTQ 공동체를 비롯한 소수자 집단과 텔아비브 같은 도시의 자유롭고 세속적인 삶에 잠재적으로 미치는 반향을 깨닫고 깜짝 놀랐을 게 분명하다. 유대교는 조개류 섭취를 금하는데도 도시에서는 해산물 레스토랑이 번성하고 있었으니 말이다.

따라서 신정부가 사법 제도를 정부에 종속시키는 법률 개정을 도입하겠다고 발표하자, 세속적 이스라엘인 수십만 명이 거리로 몰려나와 반대 시위를 벌였다.

이런 시위에서 누군가 점령지 문제를 꺼내면, 사방에서 꺼지라는 말이 쏟아졌다는 사실은 의미심장하다. 세속적 이스라엘은 아파르트헤이트 이스라엘에 항의한 게 아니라 신정 국가 이스라엘에 항의한 것이다.

하지만 이는 비단 정부만이 아니라 이스라엘 유대인 사회의 응집력에 대한 심각한 도전이었다. 항의 운동 지도자들은 이스라엘의 경제 엘리트층에 속했고, 특수 부대와 공군의 예비군으로 복무했다. 그들은 이스라엘에서 자본을 빼내고 군대 복무를 거부겠다고 위협했고, 일부는 위협 약속을 지키기 시작했다.

2023년 10월 7일 하마스가 국경을 침범했을 때, 이스라엘은 내전 일보 직전의 상황이었다. 그 순간 내전은 기억에서 사라지고 이스라엘은 하마스의 행동에 대해 가자 주민 전체를 응징하기 위해 똘똘 뭉쳤다. 하지만 균열은 점점 깊어지고 있을 뿐이다. '이스라엘 국가'와 '유대 국가'라고 부를 만한 두 진영 사이에는 공통의 기반이 거의 없다. '유대 국가'는 요르단강 서안의 유대인 정착촌에서 자라난 정착민 국가다. 이들은 현재 이스라엘 내에서 중요한 정치 세력으로, 이스라엘을 더욱 인종주의적이고 파시즘적인 신정 국가로 뒤바꾸려고 한다.

그들에게 맞서는 쪽은 '이스라엘 국가'다. 이 오래된 이스라엘은 세속적이고 다원주의적인 사회, 즉 '중동 유일의 민주주의 국가'라는 자부심을 앞세운다. 이것이 유대인에게만 참이라는 사실은 그들의 양심에 크게 문제가 되지 않는다.

분명한 것은 이스라엘에 진정한 좌파가 전혀 없고, 심지어 이제 더는 진정한 평화 진영도 존재하지 않는다는 사실이다. 물론 여전히 평화적 해법의 가능성을 진지하게 신봉하는 개인들이 있기는 하다. 그리고 이스라엘 팔레스타인 시민들을 대변하는 정당들은 소수이지만 유대인 당원도 거느리고 있다. 역사적 팔레스타인 전체를 위한 정의를 실현하려고 노력하는 소수가 존재한다. 하지만 그들은 미미한 수준이며, 이스라엘 정부의 실제 정책을 바꿀 만한 역량을 갖고 있지 못하다.

15. 2023년 10월 7일의 역사적·도덕적 맥락

이 책은 2023년 10월 7일에 관한 유엔 사무총장 안토니우 구테흐스의 발언으로 시작되었다. 구테흐스는 이스라엘의 정책을 조심스럽게 질책하면서, 56년간 점령하에 살아온 사람들의 현실을 간단히 지적했을 뿐이다. 최소한 나는 여러분이 그의 말에 담긴 진실을 볼 수 있기를 바란다. 하지만 이스라엘은 광적인 반응을 보였다.

이스라엘 정부는 재빨리 이 발언을 비난했다. 이스라엘 관리들은 구테흐스에게 사임하라고 요구하면서, 그가 하마스를 지지하고 하마스가 자행한 학살을 정당화한다고 주장했다. 이스라엘 언론 또한 이런 분위기에 편승하면서, 무엇보다도 유엔 수장이 "기가 막힐 정도의 도덕적 파산 수준을 보여주었다"고 주장했다.

사실을 적나라하게 언급하는 이런 국제적 인물에 대한

이스라엘의 반응을 보면, 이스라엘과 그 정책에 조금이라도 의문을 나타내면 검열을 강화하며 이를 위해 반유대주의 낙인찍기를 무기로 활용한다는 점을 알 수 있다. 10월 7일까지, 이스라엘은 상당한 시간과 노력을 들여가며 이스라엘 국가 비판과 시온주의의 도덕적 토대에 대한 문제 제기까지를 포함하는 것이 반유대주의라고 정의하는 합의를 이루고자 했다. 이제 1967년부터 여러 세대의 팔레스타인인들이 점령 아래서 성장했다는 사실을 언급하기만 해도 마녀 사냥을 당하기에 충분한 실정이다.

이스라엘로서는 우리 모두가 이런 역사를 망각하는 것, 팔레스타인 쪽의 폭력은 무엇이든 유대인을 절멸하려는 욕망의 렌즈를 통해서만 이해할 수 있는 기이한 잔학 행위로 바라보는 편이 유용하다. 팔레스타인의 폭력은 이스라엘이 과거에 윤리적 이유에서든 전략적 이유에서든 피했을 법한 정책을 추구하게 해주는 백지 수표나 다름없다. 그리고 서방 각국 정부도 선례를 따른다.

이스라엘은 10월 7일 공격을 가자 지구에서 제노사이드 정책을 시행하는 구실로 활용한다. 또한 미국은 중동에서 자신의 존재감을 다시 주장하기 위한 구실로 활용한다. 일부 유럽 나라들에게는 새로운 '테러와의 전쟁'이라는 이름으로 민주적 자유를 제한하기 위한 구실이 된다. 가령 우리는 베를린 경찰이 시위에서 외국어로 노래하거나 연호하는 것을 금지하는 상황이나, 미국에서 홀로코스트 생존자 후손들이 팔레스타인 연대 시위에서 연행되는 모습을 볼 수 있다.

이스라엘-팔레스타인에서 평화와 정의의 희망이 존재하려면, 핵심적인 역사적 맥락을 기억할 필요가 있다.

우리는 1948년에서 시작해야 한다. 가자에 사는 대다수 사람들은 1948년 종족 청소 때문에 생겨난 난민이다. 1세대와 2세대, 그리고 지금은 3세대 난민이다. 이스라엘은 역사적 팔레스타인의 다른 지역들을 종족 청소하기 편하게, 가자 지구를 일종의 구금 우리로 만들었다. 1948년 이전에는 가자 지구란 존재하지 않았다. 가자는 이집트와 튀르키예를 잇는 비아 마리스 위의 코스모폴리탄 도시였다. 역사적 팔레스타인의 2퍼센트에 불과한 이 길쭉한 땅은 세계 최대의 난민촌이 되었다.

1967년 이래 가자와 요르단강 서안 주민들은 점령된 상태다. 요르단강 서안과 가자 사람들은 같은 공동체의 일원이기 때문에, 한 지역의 정책이 다른 쪽에도 영향을 미친다.

군정이나 민정, 어떤 이름으로 시행되든 간에, 점령은 재판 없는 구금, 살해, 가옥 파괴, 토지 수용, 팔레스타인인 일상생활의 모든 측면에 대한 군대의 권한 남용 등을 낳았다. 1987년과 2000년, 이런 지속적인 박해가 낳은 좌절이 공공연한 저항으로 분출했다. 1차와 2차 인티파다가 벌어진 것이다. 3차 인티파다가 벌어지는 것은 시간 문제였을 뿐이다. 두 차례 봉기의 실패는 팔레스타인인의 종속을 끝장내기 위한 세속적 팔레스타인 해방 운동의 실패이기도 했다. 따라서 많은 팔레스타인인들이 하마스나 팔레스타인 이슬람 지하드 같은 이슬람주의 단체에서 새로운 희망을 찾았다. 그들을 비롯한 팔레스타인의 많은 무슬림들에게, 이슬람에서 세번째로 신성한 장소인 알아크사 사원이 자리한 예루살렘 성전산인 하람 알샤리프의 신성함에 대한 지속적인 침해는 일상생활에서 직접 겪는 수모에 모욕을 더하는 격이었다. 세계에서 가장 오래된 기독교도 공동체로 손꼽히는 팔레스타인 기독교인들도 이스라엘이 예루살렘과 베들레헴의 기독교 성지를 다루는 방식에 대해 비슷한 불만을 품는다. 이스라엘은 현재 가사에 있는 그리스 정교회 교회를 파괴하고 있다.

하마스를 비롯한 팔레스타인 단체들은 정치범 수천 명을 계속 구금하고, 하람 알샤리프를 놓고 도발하면 이스라엘을 상대로 과감한 행동에 나설 수밖에 없다고 여러 차례 경고했다. 그러면서 2021년 운동의 사례를 들먹였다.

그리고 무엇보다도 최근에 가자 지구는 17년 동안 힘겨운 포위에 시달렸다. 이 17년 동안 이스라엘군은 가자를 지상과 해상, 공중에서 네 차례 직접 공격했다. 가자 주민 절반이 21세 이하이기 때문에, 이런 포위와 폭격의 현실이 그들이 아는 세상의 전부다. 집에서 안전하고 편하게 지내는 우리로서는 각국 정부가 이스라엘에 판매하는 폭탄의 파괴력을 가늠하기가 쉽지 않다. 21세기의 공중 폭격은 제2차 세계대전을 다루는 책에서 읽은 것보다 훨씬 극악하다. 이런 폭격에서 부상과 죽음을 피한다 하더라도 트라우마가 평생 남는다.

10월 7일, 이스라엘을 급습한 하마스 투사들은 대부분 이스라엘이 떨어뜨린 폭탄을 통해 폭력의 언어를 배운 젊은이들이다. 그들이 한 일을 정당화하려는 것은 아니다. 하지만 아무런 해결책도 보이지 않는 가운데 똑같은 트라우

마에 시달렸더라도 우리는 한결 나은 대응을 했으리라고, 그렇게 확신해서는 안 된다.

결론

이 얇은 책에서 독자 여러분이 배우기를 기대하는 내용을 요약해보자. 나는 이스라엘과 팔레스타인의 역사에 관심이 있는 모든 사람을 위해 이 책을 썼다. 한 세기 넘도록 팔레스타인인들에게 가해진 불의를 보면서, 여러분이 그들의 투쟁에 연대하고, 어디에 있든 억압에 당당히 맞설 영감을 얻기를 기대한다.

첫째, 우리는 팔레스타인이 텅 빈 땅—시온주의의 슬로건이 말해주는 대로 땅 없는 사람들을 위한 사람 없는 땅—이었다는 신화를 반박했다. 팔레스타인이 실제로 얼마나 번성을 누리는 다채로운 사회였는지를 살펴보았다.

2천 년 전 로마령 팔레스타인에서 살았던 사람들이 1882년에 처음으로 도착한 시온주의 정착민들의 조상이었다는 관념에 대한 반박도 마찬가지로 중요하다. 고대의 종교 문헌에서 주로 끄집어낸 가느다란 연결에 근거해서 식민화의 정당성을 주장할 수는 없다. 이제는 그런 식으로 법이나 권리가 작동하지 않는다.

두번째로는, 제1차세계대전 당시와 이후에 영제국의 이해에 들어맞았기 때문에 유대 국가가 역사적 팔레스타인 땅에 세워졌다는 사실을 확인했다. 시온주의 운동이 (1918-1949년 시기에) 국가를 세우도록 도와줌으로써, 영국은 팔레스타인인들도 다른 신생 민족들과 똑같은 대우를 받으리라는 약속, 즉 자결권을 행사해서 독립을 획득할 수 있으리라는 약속을 어겼다. 영국은 이로써 결국 1948년 팔레스타인 종족 청소에 공모하게 되었다.

세번째 결론은, 시온주의 운동이 새로운 유대 국가를 세울 장소로 팔레스타인에 초점을 맞추겠다고 결심한 순간부터 이는 정착민-식민 운동이 되었다는 것이다. 정착민-식민 운동은 유럽의 정착민 운동으로, 유럽에서 자신들이 환영받지 못하는 존재가 되자 그 바깥에 새로운 유럽을 건설하고자 한다. 모든 경우에 그들은 다른 사람들이 이미 살고 있는 장소를 선택했다. 정착민-식민 운동은 그런 장소에 사는 토착 주민들을 제거해야 할 설림돌로 보았다.

시온주의를 정착민-식민 운동으로 이해함으로써, 우리는 왜 일찍부터 시온주의 사상가와 지도자 들이 팔레스타인인을 이주시킬 필요성에 관해 말했는지를 제대로 이해할 수 있다. 또한 시온주의 운동이 1920년대 중반에 영국인들이 시행한 새 토지법을 활용해서 팔레스타인 농민들을 상대로 첫번째 종족 청소 행위를 자행한 이유도 이로써 설명이 된다. 이 종족 청소는 그 이래로 오늘날까지도 줄곧 지속되고 있다. 2023년, 종족 청소는 한층 폭력적이고 극단적인 수준까지 치달아, 가자 지구에서 수만 명의 목숨을 앗아 갔다.

네번째, 비록 서방의 많은 이들이 다른 반식민 투쟁에는, 특히 경쟁하는 제국에 맞서는 경우에는 기꺼이 손을 뻗으면서도 팔레스타인인들에게는 관심이 없음을 알게 되었다. 탄탄한 친이스라엘 압력 활동의 힘을 통해, 팔레스타인 반식민주의 투쟁은 아무 타당한 이유도 없는 난폭한 테러 행위로 묘사되었다. 이제 우리는 팔레스타인 민족 운동을 반식민주의 운동으로 인정해야 한다. 글로벌 사우스, 그리고 글로벌 노스의 많은 시민 사회 부문에서 팔레스타인 해방 운동을 테러 단체로 그리는 이미지가 더는 받아들여지지 않는다. 하지만 팔레스타인인들이 해방 투쟁을 벌일 권리를 전 세계가 온전히 인정하지 않는다면, 이스라엘과 팔레스타인의 유혈 사태는 계속될 것이다.

다섯번째 결론은, 이른바 평화 노력은 1967년부터 미국이 주도했는데, 미국과 유럽의 동맹국들이 정직하지 못한 중재자였기 때문에 평화 노력이 실패로 돌아갔다는 것이다. 그들은 언제나 팔레스타인인의 고통과 권리를 무시했으며, 평화 '과정'을 방패막이 삼아 이스라엘이 점령과 식민화를 지속하게 해주었다. 이런 맥락에서, 우리는 이스라엘이 너그럽게 평화를 제안했지만 팔레스타인인들이 터무니없는 이유로 거부했다고 설명하는 오슬로 협정이 평화 과정이 전혀 아니었음을 살펴본 바 있다. 오슬로 협정은 점령의 형태만 바꾸려는 시도였다. 협정은 이룰 수 없는 희망을 제기함으로써, 2차 인티파다의 발발에 한몫했다.

여섯번째, 이른바 평화 과정에 영향을 미친 주요 구상인 두 국가 해법이 완전히 실패했음을 알 수 있다. 이 해법이 실패한 이유는, 요르단강 서안에 유대인 정착민 70만 명이 존재하고 이스라엘의 정치 체제 전반이 오른쪽으로 이동한 상황에서, 더는 현실성이 없기 때문이다. 이스라엘 정치의 우경화는 2023년 10월 7일 사태 이후 더욱 강화될 게 뻔하다. 게다가 두 국가 해법의 논리적·도덕적 전제에 결함이 있기 때문에 실현되기 어렵다. 이 해법은 팔레스타인 땅의 일부분(22퍼센트)과 팔레스타인인의 일부에만 적용된다. 진정한 해법을 얻으려면, 팔레스타인 난민 문제와 이스라엘 내의 팔레스타인 소수자 문제를 다뤄야 한다. 이는 하나의 민주적 국가 해법 안에서만 이루어질 수 있다. 팔레스타인인이든 이스라엘인이든 모두 동등한 권리를 누리고, 역사적 팔레스타인 땅 전역을 자유롭게 이동할 수 있어야 한다.

일곱번째, 이스라엘과 팔레스타인에 관해 이야기하는 방식을 바꿀 필요가 있다. 지금 이야기하는 과정이 탈식민화인데, 양쪽이 똑같이 잘못이 있다는 듯 평화에 관해 이야기하는 것은 무의미하다. 역사적 팔레스타인은 한 세기 넘도록 막대한 희생을 치르면서 정착민 식민주의에 종속되어왔다.

탈식민화는 이스라엘과 팔레스타인 문제에서 서방의 주류 정치 담론이 회피하는 다른 용어들, 즉 해방 및 화해와 밀접한 관련이 있다.

나에게 이런 고상한 목표를 이룰 수 있는 방법에 관한 로드맵이 있다고 말하고 싶지는 않다. 팔레스타인 해방 운동이 현실적으로 해법—이스라엘 유대인을 포함해서 오늘날 역사적 팔레스타인 땅에 살고 있는 모든 사람에게 정의를 제공하는 해법—을 실행할 수 있는 길을 찾아야 할 것이다.

마지막으로, 지난 1년간 우리가 가자 지구에서 목격한 현실은 현대 이스라엘과 팔레스타인 역사에서 최악의 장(章)이다. 적절한 때가 되면 이 사태는 상상조차 하기 힘든 재앙으로 기념될 것이다. 이 사태가 향후 수년간 미래의 경로와 팔레스타인인들의 운명에 어떤 영향을 미칠지 속단하기는 아직 이르다. 하지만 앞서 살펴보았듯 역사를 거슬러 올라가 보면, 정착민-식민 운동인 팔레스타인 시온주의의 기원과 토착민 제거의 논리에 따라 벌인 행동 사이의 연계를 제대로 이해할 수 있다. 팔레스타인의 저항에 참여하는 이들이 내세우는 여러 이데올로기와 상관없이, 무엇보다도 이를 반식민 운동으로 보아야 하는 이유를 깨달아야 한다.

정착민 식민주의 패러다임을 채택하면, 다른 깨달음도 얻을 수 있다. 어쨌든 미래의 어떤 해법이든 지난 1백 년 동안 유대인 공동체가 8백만 명을 헤아리는 상당한 인구 집단으로 성장했다는 점을 고려해야 한다. 이 공동체는 근대 국가만이 아니라 유대 국가라는 지위를 지키기 위해, 세계에서 손꼽히게 강한 군대를 세웠다. 하지만 팔레스타인인을 억압하지 않고서는 생존할 수 없으며, 또는 스스로 생존할 수 없다고 생각한다. 팔레스타인인들은 추방에서부터 폭력과 폭격에 이르기까지, 역사적 팔레스타인에서 하나의 공동체로 자신들을 제거하려는 온갖 시도에도 불구하고, 저항을 이어왔으며 계속 이의를 제기한다.

유대인의 기획으로서 이스라엘이 작동하지 못한다는 사실이 점점 분명해진다. 아랍인 일반, 특히 팔레스타인인에 대한 증오를 제외하면, 이스라엘의 세속적 유대인과 독실한 유대인이 공유하는 공통의 지반은 거의 없는 듯 보인다. 이런 증오만으로는 안정된 민족 정체성을 이루는 데 충분하지 않다. 정상적인 사람이 계속 자부심을 가지기에는 턱없이 부족하다.

우리 시대의 이스라엘 지도자들은 아랍 세계에 사는 이스라엘인들에게 평화와 정상 상태를 위한 전망을 제시하지 못한다. 오늘날 이스라엘에 사는 유대인의 대다수가 유럽 출신이 아닌데도, 이 나라는 여전히 적대적인 아랍 세계에서 홀로 버티는 서방의 전초 기지를 자처한다. 이스라엘은 과거의 현실을 받아들이고 인접한 지리적 이웃들과 바로 붙어 있다는 사실을 수용할 때에만, 역사적 팔레스타인과 중동 전체를 위해 더 나은 미래를 창조하려고 노력하는 일원이 될 수 있다. 우리 생애에 그런 날이 오기를 기대한다.

더 읽을거리

이스라엘-팔레스타인에 관해서 학자들이 다룬 방대한 문헌이 존재한다. 이 책에서 다루는 사건들에 관한 책들을 극히 일부만 선별해 소개했는데, 독자들이 유용하게 참조할 수 있는 목록이다.

Abunimah, Ali. *The Battle for Justice in Palestine* (Haymarket, 2014)

Aked, Hil. *Friends of Israel: The Backlash against Palestine Solidarity* (Verso, 2023)

Allan, Diana. *Voices of the Nakba: A Living History of Palestine* (Pluto Press, 2021)

Erakat, Noura. *Justice for Some: Law and the Question of Palestine* (Stanford University Press, 2020)

Karmi, Ghada. *One State: The Only Democratic Future for*

Palestine–Israel (Pluto Press, 2023)

Khalidi, Rashid. *The Iron Cage: The Story of the Palestinian Struggle for Statehood* (Oneworld Publications, 2015)

Khalidi, Rashid. *The Hundred Years' War on Palestine* (Profile, 2020)([한국어판] 라시드 할리디 지음, 유강은 옮김, 『팔레스타인 100년 전쟁』, 열린책들, 2021)

Lewis, Geoffrey. *Balfour and Weizmann: The Zionist, the Zealot, and the Emergence of Israel* (Bloomsbury, 2009)

Masalha, Nur. *Expulsion of the Palestinians: The Concept of Transfer in Zionist Political Thought, 1882–1948* (Institute for Palestine Studies, 2012)

Masalha, Nur. *Palestine: A Four Thousand Year History* (I.B. Tauris, 2022)

Mearsheimer, John J., and Stephen M. Walt. *The Israel Lobby and US Foreign Policy* (Penguin, 2008)

Pappe, Ilan. *The Ethnic Cleansing of Palestine* (Oneworld Publications, 2007)([한국어판] 일란 파페 지음, 유강은 옮김, 『팔레스타인 종족 청소』, 교유서가, 2024)

Pappe, Ilan. *The Making of the Arab–Israeli Conflict, 1947–1951* (I.B. Tauris, 2015)

Pappe, Ilan. *Ten Myths About Israel* (Verso, 2017)([한국어판] 일란 파페 지음, 백선 옮김, 『이스라엘에 대한 열 가지 신화』, 틈새책방, 2024)

Pappe, Ilan. *The Biggest Prison on Earth: A History of the Occupied Territories* (Oneworld Publications, 2019)

Said, Edward. *The Question of Palestine* (Vintage, 1992)

Shambrook, Peter. *Policy of Deceit: Britain and Palestine, 1914-1939* (Oneworld Publications, 2023)

Shlaim, Avi. *The Iron Wall: Israel and the Arab World* (Penguin, 2014)

Shlaim, Avi. *Three Worlds: Memoirs of an Arab-Jew* (Oneworld Publications, 2023)

Shohat, Ella. *On the Arab-Jew, Palestine, and Other Displacements: Selected Writings of Ella Shohat* (Pluto Press, 2017)

Wolfe, Patrick. 'Settler colonialism and the elimination of the native', *Journal of Genocide Research* vol. 8 (2006)

옮긴이의 말

2025년 1월 15일, 오랜 협상 끝에 마침내 이스라엘과 하마스가 3단계 휴전에 합의했다. 1단계로 6주 동안 이스라엘군이 일부 철수하고 인질과 포로를 교환하기로 했다. 휴전은 6주, 42일 동안이고 다시 전쟁에 돌입할 가능성도 있다.* 2023년 10월 이후, 가자 지구에서 4만6천여 명이 사망했다(이스라엘의 공격으로 살해되었다). 사망자 대다수가 민간인이고, 이 가운데 어린이가 4분의 1이다. 이스라엘의 폭격으로 가자 지구 주택의 90퍼센트가 파괴되었고, 주민 2백30만 명 중 90퍼센트가 난민으로 전락한 상황이다. 한편 이스라엘은 휴전 협정이 발효되지 않은 틈을 타 공습에 나서,

---

* 2025년 3월 17일, 결국 이스라엘이 가자 지구에 대규모 공습을 재개했다. 공습 재개 후 이틀 만에 최소 4백70여 명이 사망했으며, 구호 활동을 하던 유엔 직원들의 인명 피해도 이어졌다.

77명을 살해했다.

앞서 2023년 10월 7일, 하마스가 기습적인 로켓 공격과 함께 이스라엘 국경을 대대적으로 침범해서, 콘서트장을 비롯한 민간인 밀집 지역에서 1천2백 명을 살해하고 2백51명을 인질로 잡아갔다. 아마 이 공격은 후대의 역사에 북베트남의 구정 대공세, 알카에다의 9·11 테러와 맞먹는 세계사적 사건으로 기록될 것이다. 이스라엘은 하마스를 비롯한 팔레스타인 저항 세력의 완전한 절멸을 목표로 삼고, 가자 지구를 섬멸하는 전쟁에 돌입했다.

한편 하마스는 10월 7일 공격에 나선 배경으로, 2023년 한 해 동안 제닌과 알아크사 사원 등지에서 극우 유대인 정착민과 이스라엘 정부가 벌인 공격과 충돌로 팔레스타인인 2백50명이 사망한(이스라엘인은 32명 사망) 사실을 내세웠다.

15개월, 4백70일 동안 이어지면서 이스라엘-팔레스타인 분쟁 역사상 최대 규모의 전쟁으로 비화한 충돌을 보며, 이미 중동 분쟁에 익숙했던 사람들조차 충격에 빠질 수밖에 없었다. 과연 이스라엘과 팔레스타인 사이 증오와 폭력의 악순환은 끝나지 않을 것인가?

이 책의 지은이 일란 파페는 2023년 10월 7일의 선전 포고 없는 기습 공격으로 이 전쟁이 시작된 것이 아니라고 말한다. 대부분 사람들은 언제부터 이어지는 것인지도 모를 분쟁과 전쟁은 이스라엘이 요르단강 서안을 점령한 1967년에 시작되지도 않았고, 이스라엘 국가 수립을 선포한 1948년에 시작되지도 않았다. 유럽 유대인 6백만 명을 학살한 나치 때문에 유대인들이 자신들만의 안전한 국가가 필요함을 절실히 깨닫게 된 1945년에 시작된 것도 아니다. 이 분쟁은 19세기 중반 이래, 러시아와 동유럽에서 박해를 당한 유대인들이 성서 속 옛 이스라엘 땅에 눈독을 들이고, 영국 제국주의를 등에 업고 정착을 시도한 시점에 시작되었다.

지은이는 19세기 말까지 거슬러올라가는 이 역사를 온전히 이해할 때에만, 현재 벌어지는 이스라엘의 절멸 전쟁과 팔레스타인의 자멸적 저항을 이해하고 어떤 해결책이든 모색을 시작할 수 있다고 말한다. 당시 막 민족주의에 눈뜬 팔레스타인 사람들은 처음부터 영국 제국을 앞세우고 진행된 정착민 식민주의에 속수무책으로 당했다. 체계적이고 조직적인 시온주의 세력에 맞서기에는 애당초 힘이 너무 없었다. 영국에 이어 제국으로 등장한 미국은 냉전의 이익을 지키기 위한 중동의 전초 기지로, 이스라엘에 전폭적인 경제적·군사적 지원을 제공했다. 1948년, 하루아침에 난민으로 전락한 팔레스타인인 70만여 명은 간신히 목숨을 부지하면서도 서서히 저항에 나섰고, 영국을 비롯한 국제 사회가 스스로 약속해서 부정하지 못하는 귀환권을 요구하며 끈질기게 버텼다. 팔레스타인이 저항할 때마다 이스라엘은 한층 압도적인 보복으로 대응했고, 이는 피의 악순환으로 이어졌다. 세속적 저항 세력은 점차 이슬람 근본주의에 길을 내주었고, 자살 폭탄 공격에 이어 2023년 10월 7일의 자멸적 기습 공격까지 벌어졌다. 이제 이스라엘에는 팔레스타인인과 공존하려는 평화 운동의 목소리가 전혀 들리지 않는다. 하지만 5백만 명이 넘는 팔레스타인인을 모조리 절멸시키지 않는 한, 두 민족은 어쨌든 공존을 모색해야 한다. 그 실마리를 찾기 위한 역사 탐구의 첫걸음으로 이 얇은 책이 손색없는 길잡이가 되기를 바란다.

2025년 1월 유강은

지은이 일란 파페
엑시터대학교 아랍·이슬람연구소 역사학 교수이자 유럽 팔레스타인 연구 센터 소장이다. 베스트셀러에 오른 『팔레스타인 종족 청소』를 비롯해 저서 10여 권을 저술했다. 2017년 팔레스타인 도서상에서 중동 모니터Middle East Monitor가 수여하는 평생공로상을 받았다.

옮긴이 유강은
국제 문제 전문 번역가. 옮긴 책으로『팔레스타인 종족 청소』『팔레스타인 실험실』『팔레스타인 100년 전쟁』『나의 팔레스타인 이웃에게 보내는 편지』『팔레스타인 현대사』 등이 있다. 『미국의 반지성주의』로 제58회 한국출판문화상(번역 부문)을 수상했다.

이스라엘 팔레스타인 분쟁의 아주 짧은 역사
충돌하는 역사 속 진실을 찾아서

초판 1쇄 인쇄 2025년 6월 20일
초판 1쇄 발행 2025년 7월 1일

지은이 일란 파페
옮긴이 유강은

편집 김소원 이희연 이고호 | 디자인 윤종윤 이주영
마케팅 김다정 | 저작권 박지영 형소진 주은수 오서영 조경은
브랜딩 함유지 박민재 김희숙 이송이 박다솔 조다현 김하연 이준희 복다은
제작 강신은 김동욱 이순호 | 제작처 한영문화사

펴낸곳 (주)교유당 | 펴낸이 신정민
출판등록 2019년 5월 24일 제406-2019-000052호

주소 10881 경기도 파주시 회동길 210
문의전화 031.955.8891(마케팅), 031.955.2680(편집), 031.955.8855(팩스)
전자우편 gyoyudang@munhak.com

홈페이지 www.gyoyudang.com
인스타그램 @gyoyu_books | 트위터 @gyoyu_books | 페이스북 @gyoyubooks

ISBN 979-11-94523-33-8 03910

· 교유서가는 (주)교유당의 인문 브랜드입니다.
   이 책의 판권은 지은이와 (주)교유당에 있습니다.
   이 책 내용의 전부 또는 일부를 재사용하려면 반드시 양측의 서면 동의를 받아야 합니다.